# 高校外语教学模式构建研究

鲁芳 著

延吉·延边大学出版社

**图书在版编目（CIP）数据**

高校外语教学模式构建研究 / 鲁芳著. -- 延吉：延边大学出版社, 2024. 5. -- ISBN 978-7-230-06636-5

Ⅰ．H09

中国国家版本馆 CIP 数据核字第 2024KR0417 号

## 高校外语教学模式构建研究

| | |
|---|---|
| 著　　者：鲁　芳 | |
| 责任编辑：金倩倩 | |
| 封面设计：文合文化 | |
| 出版发行：延边大学出版社 | |
| 社　　址：吉林省延吉市公园路 977 号 | 邮　　编：133002 |
| 网　　址：http://www.ydcbs.com | |
| E-mail：ydcbs@ydcbs.com | |
| 电　　话：0433-2732435 | 传　　真：0433-2732434 |
| 发行电话：0433-2733056 | |
| 印　　刷：三河市嵩川印刷有限公司 | |
| 开　　本：787 mm×1092 mm　1/16 | |
| 印　　张：9.75 | 字　　数：200 千字 |
| 版　　次：2024 年 5 月　第 1 版 | |
| 印　　次：2024 年 6 月　第 1 次印刷 | |

ISBN 978-7-230-06636-5

定　　价：68.00 元

# 前　言

高校作为培养高素质人才的重要基地，其外语教学模式的构建直接关系到学生外语能力的提升，以及学生国际视野的拓展。外语是连接不同文化、促进国际交流的重要桥梁，在全球化进程不断加速的大背景下，外语学习已经成为高等教育中不可或缺的一部分。那么，高校外语教育，作为培养国家未来栋梁的关键领域，自然承载着传播先进文化、促进文明互鉴的重要使命。

然而，传统的高校外语教学模式存在一定的局限性和弊端，例如，有些教师更侧重于语言知识的传授，容易忽视学生的实际语言应用能力和跨文化交际能力。又如，部分教师以语法、词汇等语言知识的"灌输"为主，忽视了对学生实际语言运用能力的培养。这两种教学方式都难以激发学生的学习兴趣，更难以培养出真正具备跨文化交际能力的人才。此外，对于外语学习来说，一个真实的交流环境是至关重要的，学习者所处的语言环境直接决定学习的方法、效率，以及继续学习的兴趣和方向。但是在个别高校中，英语交流学习环境较差，学生的英语学习受到多方面的阻碍，容易导致学生在学习过程中容易出现"中国式英语"，缺乏实际的应用价值，从而降低了学生的学习兴趣和效果。因此，如何构建符合时代需求的高校外语教学模式，提高学生的综合语言运用能力，成为高校外语教育工作者亟待解决的问题。

本书共分为五章，第一章是外语教学概述，阐述了外语教学的基本内容、理论，以及主要的影响因素。第二章是中外语言思维方式的融合研究，分别介绍了关系思维与实体思维的融合、直觉思维与逻辑思维的融合、变通性思维与规定性思维的融合，为更好地开展语言学、翻译学等相关领域的研究提供了相对客观而具体的参照。第三章讨论了基于第二语言习得理论的外语学习，研究人们获得外语能力的机制。第四章是高校外语教学模式构建方向，结合教学理论，较为科学地对高校外语教学模式的构建方向进行了预测与分析，展开对结构和认知取向、功能取向、任务取向的外语教学模式，以及社会文化互动的外语教学模式的讨论。第五章是高校外语教学基本模式，作者基于高校外语教学的现状，从任务型教学模式、探究式教学模式、交际教学模式和情境教学模式出发，对高校外语基本教学模式进行了梳理和分析。

本书关注高校外语教学过程中的文化因素，探讨如何在教学中融入中国文化元素，有利于培养学生的跨文化交际能力。外语教育不仅是语言知识的传授，还是文化交流和传播的过程。因此，在教学模式的构建中，应注重培养学生的文化意识，使学生坚定文化自觉、增强文化自信,更好地理解和尊重不同文化。

  本书在撰写的过程中,笔者参考和引用了一些学者关于高校外语教学模式构建研究的观点和相关资料,并得到了众多学者的指导和帮助,在此向这些学者表示衷心的感谢。由于时间和水平有限,本书难免存在不足之处,期待广大读者提出宝贵的建议,共同推动高校外语教学的不断进步。

  郝崇伶参与了本书的审稿工作。

# 目　录

## 第一章　外语教学概述 ... 1
　第一节　外语教学的基本内容 ... 1
　第二节　外语教学的基本理论 ... 5
　第三节　外语教学的主要影响因素 ... 13

## 第二章　中外语言思维方式的融合研究 ... 22
　第一节　关系思维与实体思维的融合 ... 22
　第二节　直觉思维与逻辑思维的融合 ... 27
　第三节　变通性思维与规定性思维的融合 ... 34

## 第三章　基于第二语言习得理论的外语学习 ... 40
　第一节　输入假说与外语教学 ... 41
　第二节　输出假说与互动假说 ... 65
　第三节　情感过滤假说与外语教学 ... 69

## 第四章　高校外语教学模式构建方向 ... 82
　第一节　结构和认知取向的外语教学模式 ... 82
　第二节　功能取向的外语教学模式 ... 87
　第三节　任务取向的外语教学模式 ... 91
　第四节　社会文化互动的外语教学模式 ... 97

## 第五章　高校外语教学基本模式 ... 102
　第一节　任务型教学模式 ... 102

第二节　探究式教学模式……………………………………………112

　　第三节　交际教学模式………………………………………………128

　　第四节　情境教学模式………………………………………………134

**参考文献**……………………………………………………………………**149**

# 第一章 外语教学概述

## 第一节 外语教学的基本内容

外语教学是语言教学的重要组成部分，是指某一社区内进行的非本族语教学，一般在人们学会母语后的课堂里进行。外语教学是一个系统工程，这一系统工程主要包括以下五个方面：

第一，制定外语教育政策，决定教什么语言，面向哪些学生。

第二，制定课程标准和编写教材。

第三，培训师资。

第四，进行课堂教学。

第五，对学生进行测试，检验教学效果，提供各种反馈信息。

外语教学的效果在很大程度上取决于教师的语言水平和语言教学理论水平。在教学中，教师应以学生为中心，努力成为优秀的课堂教学策划者、课堂活动组织者和引导者、外语学习促进者和咨询者、学习进度控制者、实践活动协调者和评论者、学习效果观察者和研究者。

制定课程标准和编写教材是外语教学的重要环节。外语教学大纲有传统大纲、结构大纲、功能意念大纲等几种。英语专业的课程标准应该包括四个方面，分别是结构、功能、社会文化和实际应用。其中，结构包括语音、语法、词汇，功能包括语篇、话语、言语功能理解，社会文化包括文化背景知识、历史、地理、文学艺术，实际应用指的是在真实情境下进行交际。课程设置应该包括四个方面，分别是语言技能、语言知识、文化知识和相关知识。其中，语言技能包括阅读、听力、口语、写作、翻译，语言知识包括语言学、语法学、词汇学、文体学、修辞学等，文化知识包括英美概况、英美文学、西方文化、科技知识等，而相关知识则包括国际关系、新闻、媒体、外贸、旅游等。

教材编写对于外语教学来说，是一种宏观控制手段，新的教材应该反映语言研究和语言教学研究的新成果。在教材编写过程中，要注意选材的多样性、语言的时代性、内容的针对性。教材中不仅要有关于国外文化科学的信息和介绍外国情况的文章，也要有介绍中国情况和关于中国文化的文章，目的是使学生在了解和获得外来文化的同时，也能详细地了解中国在各个领域里的发展情况，传承中华优秀传统文化。

外语教学是门科学，首先要解决教什么和怎么教的问题。当代教育学认为教学是由教师引起、维持、促进学生学习的所有行为方式。教学论主要包括教学要素、教学规律、教学内容、教学原则、教学组织与管理、教学评价等。

在进行语言教学时，教师应该从宏观入手，抓住主要信息，然后再深入到微观的语言表达形式中，侧重解决"如何理解话语意义"的问题，从语词、语句、语篇三个层次上挖掘语言含义，把语言教学的注意力引向语言的使用方面，注重培养学生的交际能力。

任何一门语言都有它独特的语音、语法、词汇体系，教师帮助学生完整地掌握这些方面的知识是有一定的必要性的。但是，学生仅仅掌握这些知识还不够，更重要的是能熟练地应用外语进行听、说、读、写、译等多种活动，也就是说，学生要学会在实际生活中使用外语进行有效的交际活动。与此同时，教师要特别注意给学生创造语言实践的机会，让学生多听、多说、多读、多写；要纠正某些学生只重视语法、词汇而忽视技能训练的倾向。事实上，知识与技能是互相促进的，学生掌握了语音、语法、词汇的知识，可以提高自身的听、说、读、写的技能；反过来，学生通过语言实践，也能深化和巩固其所学到的知识。语言的熟练掌握需要千百次的反复应用，学生想要学好外语，需要用心、耐心、细心，更需要有决心、有信心、有恒心。

要打下扎实的外语基础，学生的学习内容必须有一定的深度与广度。首先，"深"代表了学生要对所学的语言材料有透彻的理解，这不仅指字面上的理解，还指弄清楚背景知识、言外之意、修辞手法、语言技巧等。其次，"广"就是指学生学习内容的涉及面要广，这是因为语言包罗万象，涉及文、史、哲、科技、艺术等各个领域与学科，学生应当多接触各种题材、体裁、语体，包括文学作品、科技文献、新闻报道、实用文体、商业广告等各种材料。学生在学习语言的同时，还能增长知识，提高学习兴趣。

精读与泛读对于学生学好外语来说是不可缺少的。精读是逐字逐句地、反复地，钻研式、体会式、欣赏式阅读，甚至忘情地高声朗诵并精准背诵。精读的关键在"精"，"精"者，精密且细微也。精读旨在把握思想、领会内容、准确识记。学生对精读材料要温故知新、反复认知、反复体会、反复揣摩、反复体验。泛读则是跳跃式、浏览式、扫描式、搜索式默读。泛读的关键在"泛"。"泛"者，宽大且广袤也。泛读的目的是满足阅读的欲望或期望通过阅读发现"精读点"。学生对泛读材料，要总揽大略、知其大概，紧紧扣住"关键句"和"关键词"，努力在浏览中快速找到自己要精读的东西。不少学生习惯于精读，而不善于泛读。教师应注意引导他们学会泛读，使其养成博览群书、广泛阅读的好习惯。

语言是文化的载体，各民族的语言都与本民族的文化紧密相连。学习外语必须了解使用这种语言的国家的文化，否则就会影响理解与交际。学习外语是为了掌握一种重要的学习和沟通工具，能与同样使用该语言的人进行交际。

要想更好地与外国人士交流，了解外国习俗很重要。教师应尽量多地了解这方面的知识，在教学中传授给学生，丰富他们的知识。此外，教师还要让学生学会并善于应用体态语言，使他们在与外国人士的交往中知己知彼，不仅能够做到语言顺畅、言谈自如，还能做到礼仪适度、举止得体。

在当今时代，各种教学流派不断涌现，不同的教学理论层出不穷。教育工作者应该汲取各家之长，根据学生的特点因材施教。总而言之，教师应以学生为中心，培养学生的学习兴趣，精讲多练，适当进行中外语法比较，分析并纠正典型错误，及时复习。教师还要注重语言的使用，经常开展交际活动，以达到提高学生的外语理解与表达能力的目的。

"授人以鱼，不如授人以渔。"教师的任务不仅是把自己的知识传授给学生，更重要的是要让学生掌握正确的学习方法，并且善于使用各种有用的工具书。当今世界，知识更新的速度极快，学生在校内学习知识的时间是非常有限的，如果学生想跟上时代的步伐，他们需要在校外不断地学习新的知识。因此，教师要帮助学生掌握学习的方法，尤其是培养学生良好的自学习惯，让学生从一开始就认识到学习外语必须脚踏实地、勤学苦练、层层深入、循序渐进。

在课程安排上，教师要精心设计，注意各种课程的合理配置；培养学生敏锐的观察力、较强的记忆力、丰富的想象力和广泛的联想力；处理好"教"与"学"的关系，重点培养学生独立学习的能力。课堂教学重在启发、引导，教师要为学生留下足够的思维空间，注重培养学生的创新精神和创造能力，促进学生个性发展。对于不同性格、特点的学生，教师要有不同的要求，扬长避短，以便使其将来能够从事不同的工作。

教必有法，但无定法，贵在得法。目前，并没有一个具体的、有固定模式的教学方法。近代外语教学史上出现了各种教学方法，如语法翻译法、直接法、情境教学法、听说法、交际法（功能意念法）、沉默法、咨询法、比较法、自然法、暗示法、全身反应法、集体学习法等。其中，交际法注重语言能力和交际能力的培养，注重语言的意义，强调语言使用的得体性，故而受到了人们的广泛重视。

语言教学是一项目的性很强的活动。培养合格的语言人才，需要教师付出创造性的劳动。这就要求教师在综合考虑学生的特点、学习目的、教学内容等多方面因素的基础上，设计出最佳的教学方案。教师要掌握教学规律，开发学生的学习潜能，提高他们的学习效率，在教学实践的过程中不断地检验和修正自己的方案。

世上没有一种万能的教学方法，只有从实际出发，根据特定的教学目的、教学对象、母语环境、教学条件（班级大小、课时多少、师资水平、教学手段）和教学阶段的需要，灵活地采用合适的方法，才能获得较好的教学效果。

## 第二节 外语教学的基本理论

经过外语一线工作者们多年的研究和实践，外语教学在语言学、心理语言学、心理学教育学、社会学等领域形成了一些有代表性的理论。外语教学理论本身所覆盖的领域包括语言系统对比、学习过程、学习者特征、外部环境、教学的作用和学习评价方式等。

### 一、中介语理论

中介语是第二语言或外语学习者在学习和使用目的语的过程中，产生的既不同于母语又有别于目的语的一种语言形式。美国语言学家塞林格(L.Selinker)基于认知心理学的观点把中介语产生的根源归纳为五个，即语言迁移、对目的语规则的过度概括、训练转移、学习策略和交际策略。塞林格认为，中介语具有可渗透性、动态性和系统性，这三个特点是任何一种自然语言都具有的基本特征。国内研究者在此基础上，把中介语的特点归纳为可变性、系统性和稳定性，或归纳为系统性、可渗透性、僵化性。其中，中介语的可渗透性表现为语言学习者的中介语系统是开放的，即学习者在每一个阶段的知识并不是固定的，而是不断修正、不断增加的，这种开放性决定了它具有可渗透性。此外，中介语的系统性表现为语言规则的系统性，而语言规则的系统性反映了学习者运用学习策略的普遍性。

除了上述特点，中介语还具有母语依靠性、目的语不可接近性和过渡性。第二语言学习者学习目的语，是希望自己最终能够自如地运用目的语。而大量事实表明，他们在学习目的语的过程中，尽管已经付出了很多时间和精力，但并不一定能顺利达到期望的水准。因此，教师应当对第二语言学习者在中介语学习过程中的通病有一个正确的认识，同时还要合理运用各种手段，防止第二语言学习者出现中介语僵化现象。

## 二、语言监控理论

在第二语言习得理论中，最为人们熟知的是由美国语言教育家斯蒂芬·克拉申（Stephen D. Krashen，以下简称"克拉申"）提出的语言监控理论，它是20世纪70至80年代第二语言习得理论中非常有影响的理论之一，对语言教学具有重要的意义。

语言监控理论认为，第二语言习得有两种不同的途径：一种是学习者把注意力有意识地集中在目的语的形式特征上，即"有意识的学习"；另一种是学习者运用目的语进行真正的交际，正如儿童习得第一语言一样，注重的是意义、内容和效果，而不是语言结构形式，即"潜意识的习得"。

习得是主要过程，学习只是以"监控者"的身份运用自己所学的知识对所说的话进行监控和修正。语言监控理论经过不断发展充实，形成了如下五大假设：

### （一）习得—学习假设

克拉申认为，第二语言习得者可以通过两种方式获得语言能力：一是习得，二是学习，并对这两个概念做出了严格区分。

首先，习得是无意识的语言获得，是注意意义的自然交际的结果。典型的例子是儿童习得母语。

其次，学习是有意识的过程，通过课堂上教师的讲授，并辅之以有意识的练习、记忆等活动，达到对所学语言的掌握。典型的例子是成人在学校学习第二语言。

最后，习得的语言系统处于大脑左半球的语言区，学习的系统虽然在大脑左半球，但不在语言区。习得的语言知识和学习的语言知识是分别存储的，它们是两种不同的语言运作机制。

区分语言习得与语言学习的标准是学习者对语言规则运用的有意识程度，而不是语言环境。这是因为在自然语言环境中，学生可以通过向朋友询问语法规则来获取语言知识，习得语言。同样，在非自然语言环境的教室里，当学生注意力集中在对话、角色扮演、小组讨论等交际活动中时，语言也会被习得。

### （二）监控模式假设

监控模式的基本意义是语言由习得系统产生，学习只是一种功能，即"监控"或"编辑"。它只用于纠正语言中出现的语法错误。学习和习得在第二语言运用中的作用是截然不同的，说话者的话语内容及流利程度由习得决定。监控被用来改变说出或写出的话语中的形式错误，监控假设对第二语言教学很有启发意义。监控的发展依赖于课堂上正式语法规则的传授和训练。有意识地感知语法规则对习得并无帮助，但能"打磨"学习者因交际而产生的习得内容，使其更加准确。因此，外语学习的重心不应是学习语法的规则，而应是开展交际活动。

综上，教师应转变传统"一言堂"的教学方法，以学生为中心，运用任务型等重交际的教学方法。

### （三）自然习得顺序假设

语言习得有一种可以预见的顺序，学习者对某些规则掌握得快，对某些规则掌握得慢，习得速度的差别不仅仅由规则的简单或复杂决定，还受学习者认知发展的自然顺序的影响。即使是在课堂环境下的语法规则讲解与训练，**依然**

存在这种自然顺序。没有接受正规课堂教学的外语学习者显示出的自然顺序，与接受正规课堂教学的学习者显示出的自然顺序并无差别。

### （四）输入假设

克拉申强调，人类只有通过理解信息或者接受可理解的输入方式才能习得语言。一个人从 i（代表现有的语言水平）开始，向 i+1（1 代表新输入的内容）移动。通过理解 i+1 的输入内容，这个人习得的语言会达到更高一级的水平。输入假设是当今第二语言习得中非常重要的概念，它对外语教学的意义在于，教师在课堂教学中时时注意学生们现有的语言水平；在输入难度上，要考虑学生的可接受程度。

### （五）情感过滤假设

克拉申认为，如果习得存在"情感障碍"，输入信息的作用就非常有限。因此，情感过滤在习得过程中扮演的是"阻碍者"的角色。如果学习者情感过滤值低，信息便会被送到语言习得机制，促进学习者语言能力发展，否则，习得中断。所谓的情感过滤值低，指的是学习者专心致志地学习目的语，无心理负担。同理，情感过滤值高，指的就是学习者动力不强，信心不足，总认为自己学不好。克拉申所强调的习得、输入、降低情感障碍的思想，对于外语教师和第二语言习得研究者有很大的启发。习得比学习重要，为了能够习得语言，必须具备两个条件：一是被理解的语言材料是 i+1 输入内容；二是心理障碍要少，这样才易于吸收输入的信息。

## 三、普遍语法理论

20 世纪 50 年代末，艾弗拉姆·诺姆·乔姆斯基（Avram Noam Chomsky，以下简称"乔姆斯基")提出了普遍语法理论（Universal Grammar，以下简称"UG"）。他认为，世界上所有的语言都有着某些共同的语言原则和尚未定值的语言参数，这也是婴儿出生后所处的初始语言状态。由于每个人的语言认知体系中都有 UG 知识系统，而 UG 体现出每个人的语言心理机制都由一套高度抽象、高度概括的广义规则构成。人类要学习的只是各种语言参数的不同值、具体语言的外围部分，以及具体语言的词汇。20 世纪 80 年代以后，第二语言习得研究及教学深受这一理论影响。乔姆斯基的生成语法自诞生之时开始，就一直处于不断修正和发展之中。20 世纪 90 年代，乔姆斯基提出最简方案，以及对最简方案进行改进和发展的《最简探索之框架》。生成语法框架下的第二语言习得研究亦随之在变，这难免会造成人们对 UG 理解的一些偏差。关于 UG 的定义到底是什么，乔姆斯基本人在不同时期也有不同的说法，这也引发了很多争议。人们对 UG 含义的理解不同，必然会导致实验目的和结果的不同。我国学者宁春岩认为，不管乔姆斯基的理论有何发展变化，其理论的核心要素一直都是"普遍语法是遗传规定的属性"。据此，宁春岩认为，人们在对 UG 进行理解时，应注意以下五个方面：

第一，人脑遗传下来的属性。普遍语法指的是人脑遗传下来的属性，若没有这些属性，人脑的语言系统就不可能发展与完善。

第二，人脑在出生时的初始状态。

第三，人在后天环境下学会说话的内在原因。

第四，普遍语法只是学会说话的可能，它不等于具体语言的具体语法。

第五，可以把普遍语法看成是计算机的硬件结构，也可以看成是计算机的软件程序。

目前，研究者对普遍语法在第二语言习得过程中的作用持有以下三种不同的观点：

第一种观点是"普遍语法不可及"，即学习者只是借助非语言策略和一般的解决问题的能力，建构第二语言语法。

第二种观点是"普遍语法间接可及",即普遍语法只是在母语中以一定的形式存在,第二语言学习者有可能对语言的普遍原则加以利用,却不能完全掌握参数的变化范围,致使普遍语法仅以间接的方式起作用。

第三种观点是"普遍语法直接可及",即普遍语法是以完整的形态存在于每个人的大脑之中,包括那些没有在母语中显现的特征。

上述三种不同观点导致人们对第二语言语法产生了不同的预测。例如:第二语言学习者的语法跟普遍语法的原则不尽一致,前者的语法是不受限制的,所犯的错误是无规则和规律可循的;第二语言语法应与普遍语法的原则相一致,但那些在母语中未被激活的普遍语法原则在第二语言习得过程中也无法被激活;第二语言学习者能激活在母语中不起作用的那些普遍语法原则,中介语语法必然受制于普遍语法,不会超过普遍语法的范畴。

普遍语法理论的诞生,促进了人们从认知的深层次领域来解释语言学习过程,扩大了研究范围,激发了人们浓厚的研究兴趣。但是,目前学界对普遍语法理论的看法并不一致,主要有两点疑问:在第一语言习得过程结束后,普遍语法对第二语言习得是否会起作用?如何解释非本族语者达不到本族语者的语言运用水平?这些问题还有待进一步研究。

## 四、认知理论

认知理论起源于美国心理学家威廉·詹姆斯(William James)的功能主义及德国心理学家威廉·冯特(Wilhelm Wundt)的结构主义思想。此后,以乔姆斯基为代表的转换生成语法学派认为,人类有天生的语言能力,对语言的学习并不是单纯的模仿与记忆,而是一种创造性的应用。

另外,杰罗姆·布鲁纳(Jerome S. Bruner,以下简称"布鲁纳")提出了发现学习法,即让学生经过独立的逻辑思维后进行总结,由学生自己发现某些语言规则和原理,培养其独立思考的能力和综合运用知识的能力。

以上种种观点构成了认知理论的庞大体系。认知理论认为，人的认知方式有场依存型和场独立型两种。场依存型的学习者在认知活动中倾向于以外在参照作为信息加工的依据，往往自我概念较差；而场独立型的学习者则倾向于将内在参照作为信息加工的主要依据，在情境需要或者内在需要出现时，他们能够对所提供的信息进行重组。

因此，在外语教学中，教师应该根据学生认知方式上的不同特点，选择适合不同认知方式的教学方法。这与传统的"精讲多练"教学法有本质的区别，它由"以教师为中心"转变为"以学生为中心"，让学生处于主体地位，教师只需给予一定的引导，让学生通过阅读理解，自己找出存在的问题，并通过自己的分析和同伴相互间的讨论，最终解决问题。

用外语思维进行交流是外语学习者所必须具备的能力，而语言环境则是培养和锻炼学生外语思维能力的先决条件。对于我们国家的学生而言，课堂是学生进行外语交流最多的地方，教师应该充分利用教学内容，创造合适的语境促使学生用外语进行表达。

当所授课文对教学场景要求很高时，教师应适当布置教学场景，引导学生进入良好的外语思维状态，逐渐提高学生的感受力。

## 五、文化同化理论

外语学习是一个宏观的文化现象，学习者在这个过程中必定会感受到文化差异，并试图在文化适应中习得目的语。外语学习中的文化适应是个内外互动的同化过程，是一个群体与另一个不同语言、文化和价值体系群体的相互交流。学习者的文化适应程度影响第二语言习得的速度与进度。有学者把文化适应描述为从起初接触新文化时产生兴奋感和幸福感，到文化震惊，再到由此产生对目的语文化的生疏感和抵触感，最后逐渐舒缓文化紧张。同化过程中的文化震惊和文化紧张是学习者必然要经历的。为了帮助学习者顺利度过这些阶段，避免出现石化现象，教师应该想方设法帮助学生缩短自己这个群体与目的语群体之间的距离。比如，教师应该帮助学生了解和掌握两种语言使用过程中语境的异同和文化规约。以英语"individualism"一词为例，英语中习惯将它理解为"个人主义"，定义为"赞成个人行为自由和个人信仰绝对自由的社会理论"，是褒义词；而在汉语中，"个人主义"往往同"自私自利""爱出风头"等词语的含义类似，带有贬义。在英语中，"individualism"是为美国人民所恪守的主要的传统文化价值观念之一。他们认为每个人都有与众不同的精彩之处，"个人追求"和"个人利益"至高无上，所有的价值观念都建立在此基础上。

从实际情况来看，外语所包含和表现出来的文化差异是客观存在的。有人建议将这些文化差异归作不同的类别，从思维文化、习俗文化、历史文化、心态文化、地域文化和体态文化进行研究，也有人主张从词汇层面、语法层面和语用层面进行探讨。

不论从哪一角度切入，教师和学生都应该明确——了解目标文化是为了与目标文化群体更好地进行交流，而不是被同化或引发文化偏见。此外，文化知识的讲授应当循序渐进，依照学生真实认知水平，与外语教学进度同步，过快或过慢都会产生消极结果。如果讲授的知识超出学生的理解范围，则可能使学生产生文化抵触情绪，形成早期语言石化现象，这对第二语言的学习非常不利。

## 第三节 外语教学的主要影响因素

### 一、外部环境

外语教学研究和实践不能不考虑其外部环境，主要原因如下：

第一，外语教学的根本目的是满足社会发展的需要，外语教学的目标、内容和方法必须适应时代的发展，因此必须进行需求分析。

第二，教育体制、语言环境、经济和技术的发展等因素直接影响着外语教学的过程和效果。

在制订教学计划、确定教学目的和内容、选择教学手段时，就应该全面了解上述因素。外语教学的外部环境由家庭、学校、地区、国内和国际环境构成。家庭对学生外语学习的影响主要表现为学生的家庭背景、经济能力和学习氛围，可能对学生的学习态度和动机起到一定的作用。学校是进行外语教学的主要场所，学校的语言环境、教学管理、教材使用、教学方法及师资建设都直接影响着外语教学的过程和结果。正因如此，无论是在国内还是在国外，都有许多家长和学生为了选择一个好学校，不惜支付高额的教育费，花费更多的时间和精力。

无论是家庭还是学校，都处于某个地区或城市范围之内，而该地区或城市的经济、文化和语言环境，也是影响学生外语学习的重要因素。相对而言，在城市生活的学生学习外语的积极性要高于生活在农村地区的学生，这一方面是因为城市不断发展，促使学生要更快、更好地学习外语；另一方面，一个蓬勃发展的城市会吸引越来越多的人前来投资、工作和观光，从而为学生外语学习提供丰富多彩的语言环境。

与上述家庭、学校、地区等外部环境因素相比，不断变化的国内、国际形势对外语教学的影响显得更加重要。外语教学的研究和实践往往处于一个纷繁复杂、不断发展变化的社会政治、经济和文化环境之中，受很多主观或客观因素的影响。

纵观外语教学的历史不难发现，任何一个时期外语教学的目标、内容和方法都受制于两个方面的发展：其一，语言学、心理学、教育学等与外语教学相关学科的理论发展；其二，当时社会发展的需要，以及政治、经济、文化环境。前者有助于外语教学研究者和教师了解语言和外语教学的本质，以及语言学习的过程，是外语教学的理论基础；后者在很大程度上决定外语教学的目的和意义，构成外语教学的外部环境。例如，20世纪50至60年代流行于美国（后传遍世界其他地区）的"听说法"，以听说领先，以口语能力培养为主。这一外语教学思想一方面是由于结构主义语言学和行为主义心理学的发展对外语教学产生了一定的影响，另一方面也反映了当时美国海外驻军和外交人员培训、商务往来和出国旅游等社会政治、经济、文化的发展对外语教学的需要。时代不同，人们所学习的第一外语不同。

任何语言都与使用这一语言的国家和民族群体密不可分，与其说一种语言受人青睐，不如说因为使用该语言的国家和民族强大，所以受到人们的重视。对此，曾有学者指出，人们之所以推崇或轻视某些语言，同与之相关的经济、政治和文化价值观有密切的关系。例如，在20世纪40至50年代，俄语是中国人学习外语的首选，当时国内几乎所有的中学和大学都非常重视俄语教学。俄语之所以超越英语和其他语种，成为当时我国人民的首选外语，正是归因于当时良好的外交关系。20世纪60年代以后，俄语在中国的首选外语的地位逐渐被英语取代。20世纪90年代以后，种种政治和经济形势的变化，使得俄语教学在中国一度处于低潮。与此同时，美国、日本等资本主义国家的经济迅猛发展，国力不断增强，它们在文化和意识形态领域对中国及世界其他国家和地区产生了一定的影响，很多外语学习者放弃了俄语的学习，而热衷于学习英语或日语。这种对不同语言态度的改变反映了相关国家的政治和经济实力的变化。因此，在制订外语教学计划、确定外语教学目标时，必须高瞻远瞩，全面、理性地分析当前的国际、国内形势,这样才能使我国的外语教学更好地适应时代的发展趋势,满足社会的需要。根据以上分析,外部环境对外语教学的影响可罗列为以下几点:

第一,一个国家和地区的整体教育体制和规划,往往对外语教学的地位、学生开始学习外语的时间、课时的分配和测试的内容有明确的规定。因此,探讨外语教学必须仔细分析相关国家和地区的教育体制和规划。前文已经论述了历史背景和国际、国内政治形势对于外语教学的影响,它主要表现在对外语种类的选择和不同外语之间的相对重视程度上。

第二,地理因素对外语教学的影响,体现在地理位置相距较近的不同语言群体,为了边境贸易和交流的方便,选择对方语言作为首选外语的可能性较大。例如,在中国东北地区,学习俄语或朝鲜语的人数明显多于南方地区。在这些地区开展外语教学的最大优势,便是有良好的语言环境支持,能够为学习者提供大量接触目的语的机会,使语言学习与语言使用有机结合,这在一定意义上也可看作社会文化环境在起作用。

第三,一个国家和地区的语言环境对外语教学也具有一定的影响。概括起来,语言环境分为两类:相对单一的语言环境和相对复杂的语言环境。日本、泰国、德国、法国,以及中国大部分汉族集居的地区,语言的使用较为单一,对于这些地区的外语学习者来说,除非有较强的外界压力(如考试、出国等),一般情况下,他们学习外语的积极性不高,甚至会有抵触情绪。而且,除学校课堂教学以外,外语学习者接触目的语的机会较少,缺乏语言环境支持,所以学习起来困难较大。相对来说,处于复杂语言环境,如美国、加拿大等移民国家的人们,接触多种不同语言的机会较多,学习外语的动机通常较强,而良好的语言环境支持使得他们学习外语的条件也优于处于单一语言环境的人们。不仅如此,语言因素对外语教学的影响还表现在学习者的母语与所学外语之间的关系方面。它们的关系既包括两种语言在国际社会的相对重要性,也包括两种语言之间在语言形式和文化内涵上的距离。就两种语言在国际社会的相对重要性而言，目的语的社会功能越强，国际地位越高，学习者的学习动机就越强；相反，如果目的语的社会功能不如母语，那么学习者的学习积极性就会受影响。另外，所谓的两种语言之间在语言形式和文化内涵上的距离，可以将其理解为母语与目的语的相似程度。例如，中国人学习英语比欧洲人学习英语更加困难，其中一个重要原因就是汉语与英语属于两个完全不同的语系，而英语与德语、法语等欧洲语言同属印欧语系，有很多相同之处。当然，母语和目的语之间的距离对外语教学的影响还有待进一步研究论证。

第四，经济和技术的发展也是影响外语教学的因素之一。有学者从两个方面来分析经济和技术发展对外语教学的作用：一方面，外语教学是为了促进经济发展和技术进步，只有掌握一种世界通用的语言，才能通过这门语言获取相关知识和信息，提高自己的科技水平。正因为如此，在第三世界国家中，英语成为学校教育的核心课程，掌握英语是成为社会英才的前提。另一方面，外语教学需要大量的经济投入和教育技术的支持。教师培训、教材编写、视听设备的购置等都需要资金，如果一个国家和地区经济发展水平较高，而且对外语教学又相当重视，那么该地区的外语教学水平通常更高。

值得一提的是，科学技术的发展，尤其是计算机多媒体技术和网络技术的发展，对外语教学的作用越来越突出。多媒体教学软件和课件的开发不仅丰富了学习者学习外语的资源，而且使外语教学摆脱了传统课堂教学的束缚，使学习者自主学习和远距离学习成为可能。与此同时，网络外语教学也在世界各地发展起来，这主要得益于功能齐全、渗透力强、信息量大的互联网。不仅各种语言所承载的信息丰富了外语学习者的语言输入内容，而且众多的外语教学网站为外语学习者设计了丰富多彩的学习内容，也为其拓展了学习外语的渠道。目前，传统的课堂教学与多媒体课件及网上学习有机结合，相得益彰，使外语教学焕发出生机，外语教学呈多元化发展趋势，除了传统的学校教育机构，来自国内外的各种社会办学机构、软件制作公司、网络公司都纷纷投身到外语培训之中，从而使外语教学成为一个欣欣向荣的产业。

综上所述，家庭、学校、地区、国内和国际环境、教育体制、历史政治背景、社会文化、语言形势、地理特征和经济、技术发展水平等都是影响外语教学的环境因素。必须注意的是这些因素对外语教学所起的作用并非同等重要，在不同历史时期或不同地区，各个因素的作用各不相同。

一般来说，政治因素对外语教学的作用在国际、国内社会发生巨大变革的时候表现得尤为突出，而科学技术发展对外语教学的影响远远大于其他任何因素对外语教学的影响。因此，在分析外语教学的外部环境时，不仅应该全面细致，而且还应该突出重点，只有这样才能深入了解外语教学的环境，并针对这些环境特点设计外语教学，满足社会发展对外语教学的需求。

## 二、教师因素

教师是外语教学的重要因素，在外语教学中起着主导作用。在外语课堂上，教师主要充当两种角色，即掌控者和引导者。一名合格的外语教师应该具有纯正的发音，所以教师可借助广播、多媒体等手段，弥补自己的不足，确保学生在课堂上所听的语言的发音都是比较纯正的。同时，教师在讲解单词、句子、课文时，应该穿插一些解释，对学生可能难以理解的词语要耐心地讲解。在多数外语课堂上，教师的"讲"占据课堂大部分时间。不可否认，教师的"讲"有利于学生习得语言，但要注意不能因此牺牲学生的练习时间。同时，教师还要注意不断变化教学的形式，以增强课堂的趣味性。

一个合格的外语教师还应具有一定的应变能力，能预测课堂活动中出现的状况，能很好地处理课堂上的突发事件，确保课堂活动的有序开展。此外，教师应该随时调整自己的提问方式、语言运用方式和提供反馈方式。在外语课堂中，提问是教师常用的一种教学手段。通过提问，可以有效激发学生的学习兴趣，促使学生积极思考。语言运用的方式也很重要，为了让学生对所讲述的知识有一个充分的了解，教师在教学中可以采用重复话语、降低语速、增加停顿、改变发音、调整措辞、简化语法规则、调整语篇等措施。学生是外语教学的重要反馈者，同样，教师的反馈也是十分重要的。所谓教师的反馈，是指教师为学生的学习情况提供反馈。教师的反馈可以是对学生的赞扬或鼓励，也可以是重复、扩展、总结学生的答案等。

总之，教师要采用不同形式的教学方法，调动学生的积极性，扩展学生的知识面，培养学生的学习能力，提高整体教学的效果。

## 三、学生因素

### （一）学生的角色

外语教学应面向全体学生，为学生全面和终身发展奠定基础，以学生的学习方式为核心，强调对学生学习习惯和学习能力的培养，倡导培养学生积极主动的学习方式。在教学过程中，学生主要扮演如下几个角色：

1.主人

学生是学习的主体，也是教学活动的主体。学生对知识的探索、发现、吸收和内化等实践，不仅有助于学生逐步建构自己的知识体系，而且还有助于学生形成科学的世界观、人生观和价值观。

2.参与者

教师在外语教学中应激发学生的学习兴趣，激发学生的参与积极性，让学生乐在其中。在学习过程中，学生应充分思考，积极参与，表达观点，展示个人才能，保持浓厚的学习热情。

3.合作者

外语学习是在师生、生生之间进行的，学习的过程也是团队合作的过程。学生在学习中互相学习，彼此促进，共同提高。协商与互助能使每个学生都感受到团队合作的力量。

**4.反馈者**

在外语教学中,学生会根据自身的学习经历及教学法的适用性,向教师提出建议,协助教师就相关问题改进并完善教学方法和教学内容,以此促进外语教学。

### (二)学生的个体差异

教育的根本目的在于培养人,这就要求教师必须掌握学生生理、心理发展的规律,了解学生之间的差异。学生的个体差异,尤其是学习动机、学习态度及自身性格等方面的差异,使他们理解并掌握新知识的速度和程度不同。根据学生的个体差异制订教学计划,选择适合的教学材料和方法,具有重要的教学实践意义。

**1.认知风格**

认知风格是指个体在信息加工(包括接收、储存、转化、提取和使用)过程中表现出来的在认知组织和认知功能方面的总体特点。不同的学习个体,其认知风格有所不同,并且不同的认知风格具有不同的优势和劣势。但是,这并不代表学生的学习成绩与认知风格的种类有直接关系。不同的学生有各自习惯的信息加工方式,在学习不同材料时也会各有所长。相对而言,当一名学生的认知风格与教师的教学风格或学习环境中的其他要素相吻合时,其学习成绩会更好。

此外,认知风格对学生选择学习策略和教学策略也有影响。因此,教师在外语教学中应该了解并尊重学生的认知风格,针对不同的学习任务、学习环境,因材施教,妥善引导,将自己的教学特点与学生的学习需要联系起来,进而取得良好的教学效果。

**2.语言潜能**

语言潜能是指学习外语所需的认知素质,或者是指学习外语的能力倾向。

努力提高学生外语素质就是要培养学生的综合语言运用能力。语言潜能正是通过学生的认知素质，预测其学习外语的潜在能力。不同的学生，其语言潜能也存在着一定的差异。在外语教学过程中，教师应了解学生的语言潜能，因材施教，使学生针对不同的学习任务，在不同的场合发挥各自的长处，以达到事半功倍的教学效果。

3.情感因素

学生在外语学习的过程中，容易受到个人情感因素的影响，如性格、态度、学习动机等。

首先，性格指的是一个人对现实的态度和行为方式表现得比较稳定但又可变的心理特征。性格不仅是学生重要的个人情感因素，更是影响学生外语学习成功与否的关键因素之一。

其次，态度是个体对待他人或事物的稳定的心理倾向，或为达到某种目的而付出的一定努力。态度一般包括认知成分、情感成分和意动成分三个方面。其中，认知成分是指对某一目标的信念；情感成分是指对某一目标的好恶程度；意动成分是指对某一目标的行动意向及实际行动。

最后，学习动机是指激发个体进行学习活动、维持已引起的学习活动，并使个体向一定的学习目标行动的一种内在过程或内部心理状态。学习动机是直接推动学生进行外语学习的内部动力，对外语学习成绩有着关键的影响。人们学习外语通常出于两种动机：一种是受学习、工作或生活等客观需要的推动，这种动机被称为工具型动机；另一种是因为对该语言或使用该语言的国家、民族及其文化充满好奇心，或者对语言学习有浓厚的兴趣，这种动机属于融入型动机。这两种动机究竟哪一种更能促进外语学习，并无定论，但是如果学生兼有两种动机，那么他的外语学习积极性必然很高，这一点是毋庸置疑的。

通常人们倾向于学习那些在国际社会享有较高地位、使用范围较广、实用性较强的语言，其中的缘由不仅涉及工具型动机，同时也涉及融入型动机。例如，英语在我国受到学生、教师、家长和社会的高度重视，既因为受各种英语测试，如全国大学英语四、六级考试（College English Test Band Four & Band

Six，简称 CET4 或 CET6），全国高等学校英语专业四、八级考试（Test for English Majors Grade Four & Grade Eight，简称 TEM4 或 TEM8），托福网考（TOEFL internet Based Test，简称 TOEFL iBT）、国际英语语言测试系统（International English Language Testing System，简称 IELTS）等的影响，也因为它是联合国、欧洲联盟及许多其他世界和区域国际组织的官方语言之一。掌握了英语就能获取更多的信息，了解更多的文化，与更多的人进行交流。正是这两个方面的原因，使得人们学习英语的热情不断高涨。

# 第二章 中外语言思维方式的融合研究

## 第一节 关系思维与实体思维的融合

本节以中西语言思维方式为例，对关系思维与实体思维之间的融合进行分析。关系思维与实体思维的差异是中西思维方式存在差异的核心问题，要实现中西语言思维方式之间的融合，首先要探讨如何实现关系思维和实体思维之间的融合。

### 一、思维前结构的调整

要实现关系思维和实体思维之间的融合，首先需要调整基于母语思维的前结构。通过母语建构起来的前结构中，通常缺乏对目的语认识和理解的某些因素，因而有必要将以目的语为基础的思维方式融入以母语为基础的前结构中，使原有前结构得以扩展。从而在汉译英时，能够自觉地将关系思维融合为实体思维；在英译汉时，能够将实体思维自觉地融合为关系思维。前结构在汉英思维方式融合中的核心作用，主要体现为它规定着人们以何种方式处理感知到的信息，并决定了事物最终的呈现。具体地说，从外部感知信息是被动加工的，加工的方式不是一个或多个现成的具有普遍性的选择，而是在信息被感知到之前，就已经具有可塑的、随机的可能性和趋向性。根据德国哲学家马丁·海德格尔（Martin Heidegger，以下简称"海德格尔"）的观点，在认识和理解事物时，人们的头脑并非一片空白，而是由一些之前存在的基本观念构成的前结构开始的，它是一种对即将认识事物的某种期待，也是汉斯-格奥尔格·伽达默尔（Hans-Georg Gadamer）所讲的"偏见"（预先做出的判断）。学习者对于文化的理解会受到家庭环境和社会环境的影响，这种影响是潜移默化的，也是难以消除的。换言之，家庭和社会环境造就了学习者自我解读的方式，在构成一个人历史现实的成分当中，定见比判断更基本，也更值得人们注意。

同时，前结构并非一成不变，它与人们的思想文化传统和所处的生活环境，或者说与人们的根本生活体验有着密切的关系。生活体验发生变化，前结构也必然随之变化。另外，前结构是一种认识和理解的循环，其中潜藏着最基本认识的正面的可能性，这个过程中包含着被理解事物对前结构的挑战，理解者必须随时依据事物本身来调整前结构，只有这样才能对事物有一个正确的理解。对语言现象的认识并非人的感官对某个现成语言对象的一种片面的、私有的，甚至肤浅的、歪曲的反映结果，而是要透过语言现象本身，达到对其本质的认识。对语言现象的认识必然涉及意识的行为、该行为构成的对象，以及该行为构成其对象的方式。这样的语言现象既是个别的，又具有一般性。

当下语言现象的显现包含前结构中潜伏的各种关系和未来的可能性，而各种关系和可能性构成了前结构中的生发机制，它是一个生发和维持住被显现者的意向活动的机制。这个机制呈现出一种动态结构，那便是意识不断地激活与语言表达有关的实项内容，主要指构成语言现象的各种要素，如感觉材料、意识行为、词汇、语法及其构成方式等，实项内容以被动或主动的方式，加入对更高级的意义和意向对象的建构或创造中。这一过程是连续的，实项内容以语言的形式呈现出来的同时，不断涌现出新的意义。因此，为了使目的语表达更符合该语言母语者的表达习惯，目的语学习者必然要调整前结构中诸多构成要素。不仅包括一般意义上词汇、语法、文化常识等的不断融入，还需要熟练掌握该语言母语者处理感觉材料的方式和意识行为的特征，并依据事物本身，激活前结构中非对象的联系。汉语表达是以"人—世界"（天人合一）的结构为前提，人处于世界万物之中，体悟人如何与无穷无尽的万物融为一体，在整体中把握事物之间的联系，通过内在规定性，设定事物之间的界限和内在职能，语言表达的对象性特征并不明显，更偏重语境的建构，而英语表达以"主体—客体"结构为前提，作为主体的人站在客体以外，追问客体的根底，对具体事物做出形而上的分析与判断，语言表达要突出对象性、精确性和规定性。因此，目的语学习者对关系思维和实体思维的融合应起始于学理上对关系思维与实体思维差别的掌握，调整自身的思维前结构，为思维方式融合做好充分且必要的准备。

## 二、关系思维向实体思维的融合

从关系思维自觉融合到实体思维的关键在于，能够在汉语语境中将实体成分抽象出来，即在复杂的关系网中，舍弃不必要的联系，将焦点对准事物本身，从关系网中将主体（对象）突显出来。为了使意义清晰地呈现出来，言说者必须指明言说的对象，它可以源于感性世界，也可以源于概念世界。

简言之，对象性是意义存在的最基本条件，在对象性缺席的情况下，言语表达很难传递出准确的意义。因此，从关系思维融合到实体思维，就是要在纵横交错的关系网中抽象出言说的对象，并将其以清晰明确的方式表述出来。以"我家里有五口人"一句为例，此句中并没有明确的主语（对象），如果按照汉语语序表达，将"我家里"作为主语，则英语表述为"My family has five people."，便不符合英语母语者的表达习惯。通常在这种情况下，英语母语者采用"there be"句型，即"There are five people in my family."，也就是借助"there be"句型，解决此句中"对象性"缺失的问题。

此外，关系思维融合到实体思维要增强属性意识，把明确的种属关系抽象化，具体表现为要有"定义"意识。与实体思维对"是"的概念的严格性相比，中国传统关系思维的典型特征之一就是对属性的淡漠,对定义形式有明显的自然或自发的特点。即使具有概念层面上对种属关系的认识,也并没有将种属关系与本质问题继续结合并加以讨论,更没有强调种属问题对探讨事物本质的重要意义。究其原因,中国古人不喜欢那种纯粹抽象的概念,而是将主要精力用于区别事物具体性质、划分事物种类,即中国传统思想文化中的概念系统以关注具体事物为主。由于这种思维方式对定义的产生具有较强的抑制作用,所以中国传统思想中鲜有对定义制定的形式作理论化的探讨,也少有给予定义以操作性的规则。因此,关系思维融合到实体思维需要转换关注的焦点,即从对事物具体性、多样性、生动性内涵的关注转换为对抽象的、唯一的、深刻的本质属性的关注。从注重对概念具体划分,即一类事物中包含的各种具体性质和状态,转换为注重从种属方向对本质特征的把握,具体表现为对概念的内涵和外延给予准确的限定,揭示"属加种差"的逻辑结构。这种逻辑结构将一事物划分到某一类别的同时,又将其与同类加以区分。这一过程就将认识对象和使其得以存在的关系网络剥离开来,在不变的条件下,对认识对象的各方面的属性加以分析,从而提炼出认识对象的本质属性,也就实现了从关系思维自觉向实体思维的转换。

## 三、实体思维向关系思维的融合

从实体思维向关系思维的融合,就是追问"该事物在什么条件下成立?""对其产生影响的因素有哪些?"等,这一过程就是从实体思维出发,通过逻辑反演,找到与认识对象相关的关系结构、构成这一结构的诸多结点,以及这些结点之间相互依存的关系。逻辑推演与逻辑反演相对,逻辑推演是以掌握事物发展规律和事物之间相互关系为前提,根据与该事物有关的法则,由已知条件和数据推导出相关的结果,或推测相关数据的变化趋势。

逻辑反演是由结果推测原因,根据已知事物的性质、状态和数据,反推该事物存在的先决条件，尤其用来揭示没有或者无法直接呈现的、隐蔽的相关因素。例如，地球内部的各种参数和物理过程难以直接观测，只有通过地面的观测（如用地震仪、重力仪等观测），或通过在空间中的观测（如航空重力测量、航空磁力测量等），来反推地球内部介质的地震波传导速度、密度、电导率等参数分布，从地面得到地球内部介质的二维或三维结构图像。简言之，反演就是由结果出发，确定构成事物的诸多因素及相关因素的关系。利用反演，即"逆运算"的方式，可以导出对象事物各种各样的内在关联。反演的最终结果是要到达"澄明"，就是让在场者和不在场者都得以显现。

现实中的事物都是"有限"的，而边界的限定来自"有限"背后的"非有"，也就是"无"。没有"无"，则没有"有"，换言之，"无"决定了"有"的最终显现。所以，现实的"有限"是"有"与"无"的结合体，是"在场的东西"与"不在场的东西"的统一体。任何一个当前在场的有限之物，其背后都藏着不在场的东西，二者合为一个统一的整体。

以反演为路径的实体思维向关系思维转换就是要打破对象性的隔膜，不再一味地向外追问种种悬设，而是向内以切己的方式去把握整体，从整体的视域观物，这是以一种超越的态度和境界来看待万物。以"无"观物既是肯定现实事物的有限性，又是对有限性的超越。这种超越不是舍弃现实世界，到达传统形而上学所追求的永恒不变的世界，而是要进入当场者背后的、与当场者之间存在着千丝万缕的关系的网络，这一过程本身是当场者生活世界的一种扩展。

简言之，实体思维向关系思维的融合，就是去拥有"敞开的境域"和"澄明之境"，也就是中国哲学中讲的"以道观物"，即以一种"有"与"无"相融合的视角，观察和认识事物，而不是局限于眼前有限的、在场的东西。

# 第二节 直觉思维与逻辑思维的融合

本节主要针对直觉思维与逻辑思维之间的关系、"取象"和"抽象"的关系，以及"意会"和"建构"的关系进行探讨。因为汉语中的直觉思维（直观体验）总是以"取象比类"为认知方式，很多时候是"只可意会不可言传"的；而英语中的逻辑思维总是以"抽象"为认知方式，针对事物特征和规律进行分析和建构。因此，直觉思维与逻辑思维之间的融合，可以和取象与抽象、意会与建构之间的融合合并在一起讨论。直觉看起来与逻辑无关，两者在思维形态上是对立的，但实际上两者之间存在着相互渗透、相互补充、相互促进的关系。在讨论两者如何转换之前，有必要对其认知特征进行对比分析。

## 一、直觉思维与逻辑思维特征对比

直觉思维从整体上考察认知对象各部分之间的有机联系、对象事物与周围环境的有机联系等。这些有机联系构成了"事物内部和外部的动态关系网络"，决定了直觉的宏观视野，使得直觉能够直接洞察各类事物的本质特征。概言之，直觉是对各类事物性质的整体性认知，它以事物内部和外部的各种动态关系网络为认知对象，这就是直觉在认识对象上的特殊性。逻辑思维有明显的对象性特征，在不变的前提条件下，拆解和处理自然事物。它注重将认知对象从繁杂的关系网络中抽离出来，尽可能将认知对象的特征进行分解并加以分析，形成对认知对象概念性的认识。逻辑分析的思维活动是一种"拆零"的活动，聚焦的是局部而不是整体。这种思维方式的对象是概念及其关系，它脱离构成认知对象的关系网络，只服从此概念构成的前提条件，具有明显的独立性特征。因此，凡是概念都可以加以分析，只要是抽象概念都可以还原到具体。

概念是所想，还原就是回到概念的所指。概念分析越来越抽象，德国哲学家伊曼努尔·康德（Immanuel Kant）称其为"纯粹概念"或"范畴"。凡是由关系抽象成的概念，与由意义抽象成的概念都具有规范性的特征，只是规范的程度不同，其中规范性最强的就是逻辑前提。此外，直觉的认知对象与逻辑分析的认知对象在形态特征上有明显差别。逻辑分析的认知对象有明确的闭合边界，与其背景事物有着显著差异；而直觉的出发点是置身在关系网络的某一节点上。人们考察的是由此节点为中心，延展开来的一个关系网络区域，与背景事物之间并无明显的分界，犹如在林中被光线照亮的一片空地，人们从这里可以向四周不断延伸，这相当于海德格尔在其著作《林中路》中展现的意境。正如哲学家张世英在《哲学导论》中所说："任何一个在场的或出场的东西，都与不在场或未出场的无穷无尽事物结成一个整体。"直觉在这种情况下的整体性和全面性不同于逻辑思维角度的整体性和全面性。直觉思维是置身于对象事物之中，"由内向外"看的，此时的"整体"是将眼前"在场"事物与周围的"不在场"事物相交融的整体，是随着认知范围的扩大不断整合对周围新事物的理解的整体。此时的"全面"是由认识出发，面向周围事物的全面了解，没有对某些特定方面的狭隘倾向。而逻辑思维是面对着对象事物，"由外向内"看的，而且通常只关注与认识对象存在直接逻辑关系的事物，随着逻辑分析的深入，对研究对象的分析不断细化，认识所涉及的范围不断缩小，容易流于片面，其各个部分之间的有机联系通常不会被纳入思考范围之内。

## 二、直觉思维向逻辑思维的融合

从直觉思维向逻辑思维融合，需要对直觉思维成果的前提条件和适用范围进行逻辑追问。因为直觉思维能带来创造性的设想，也可能带来偏见和谬误，其中的原因可能是视域不当，相关的要素和关系处于遮蔽状态。因此，未能全面考察事物的特征和属性，通常会导致直觉思维成果缺少逻辑性，甚至会潜藏逻辑冲突。直觉思维在很多时候不够精细，容易忽略认识成果的前提条件和适用范围。要充分发挥直觉思维的积极作用，避免其消极影响，就必须对直觉思维的思想成果进行逻辑追问。

老子在《道德经》中提出的"弱之胜强，柔之胜刚"的主张，显然不是无条件成立的普遍规律。对此类语言的应用离不开视域的扩展，也就是要沿着这些直觉成果所处的关系网络进行逻辑追问，打破视域的局限，获得此类语言应用的前提、基础、场景，在所有相关要素构成的整体关系网络中，辨识其使用条件和范围。换言之，需要考虑"柔弱"和"刚强"双方的主客观条件、各自的优势和弱点，以及过程的可持续性等一系列相关要素，这种情形才可能发生。直觉关注的是"象"的关系同构和意义诠释，而不是精细的量化分析。

因此，要准确界定直觉思维成果的前提条件和适用范围，必须对其进行逻辑上的追问，考察直觉思维成果应用于何种情况下会出现逻辑矛盾，在何种条件下不再成立。这种追问的线索也是作为直觉对象的"事物内部和外部的动态关系网络"，只不过是采取了逻辑反演的方式。对汉译英而言，逻辑追问的关键，是要揭示汉语表达中隐藏的语境建构的不自觉性，这就要求英语学习者具备较为丰富的汉英文化知识，能够在用英语表达之前，就清楚地了解其所要表达的内容的语境假设，在母语为英语的人们的视域中是否存在。如果存在，如何在英文表达中将语境假设由隐性变为显性，让对方认知的结果和语境隐藏的意义相吻合；如果不存在，需要通过扩展视域，用语境来弥补相关信息的缺失，保证英文表达中的寓意能够被对方较为准确地理解。在汉语与英语的概念上，建立起某种同质或相似的寓意关系，使汉语的原意与英语表达的意义比较吻合，尽量实现传递同一个语义。尤其对汉语而言，一字或一词多义的现象广泛存在，要充分考虑该字或该词使用的条件和语境假设，在具体语境下确定其内涵，进而才能较为准确地使用词义与其对应的英语单词进行表达，在两种语言转换间实现概念的通达。

## 三、逻辑思维向直觉思维的融合

西方学者较少注意"直觉"与"事物内部和外部的动态关系网络"这两者之间的联系,因为在逻辑分析的视野中,具备有机特性的"事物内部和外部的动态关系网络"很多时候以隐蔽形态存在,处于逻辑认知焦点的"边缘域",只有在特殊情境中才会显露出来。西方的逻辑分析传统注重把握以实体形态存在的事物,将实体之间的关系视为从属性的。因此,逻辑思维向直觉思维的融合需要通过现象学还原。根据德国哲学家埃德蒙德·胡塞尔(Edmund Husserl,以下简称"胡塞尔")的观点,还原意味着自然主义的终止,即将一切关于某种东西"已经在那了"的存在预设"悬置起来"(存而不论)。"已经在那了"指自然科学家将自然世界视为他们所拥有的存在于那里的实有者,以及构成实有者的组成要素、法则、内容等。也就是说,任何超出事物本身的断言和假设都应该被过滤掉,直接面对事物本身,让所有关于该事物的不在场因素全部显现出来。

现象学的"看"就是要训练一个人只看当场构成的东西,所以,"看"在"不及"与"过分"中间,也就是现象学倡导的"到事情本身中去"的含义。而还原的结果会使研究对象丰富化、现象本质化。换言之,还原使附加在事物本身的现成设定失效,在直观体验中让现象的本质完全显露出来。胡塞尔指出,在人们的直观中,种种知觉、回忆、推理、判断等意识活动都是自明的,能直接地在人类自省中显现出来,这些意识活动并非以剥除内容、空壳式的纯活动形式出现,而是以带有内容的意识活动形式出现,这些意识活动的内容也能自明地直接呈现出来。

实际上,进入 20 世纪以来,现代哲学和科学开始对"关系"范畴予以特别关注。究其原因,一方面是"实体—属性"的认知模式在说明微观世界物质特性方面出现了问题,另一方面是这种认知模式在说明社会现象和人的意识活动方面出现了问题。前者导致现代哲学中出现"关系实在论"的观点,后者导致在说明生活、世界方面出现现象学思潮。现象学研究表明，意向性、形象感和直觉意识决定了人们对事物之间各种关系的认识，而且早于对各种实体的认识。在每一具体的经验性认识活动进行之前，先要以对事物各种关系的认知网络作为基础和背景，这样才能展开意向性活动，这种认知网络是在人类长期经验性认识活动基础上，不断积累而形成的。在胡塞尔看来，本质存在于具体的东西及其关系之间，以具体的东西及其关系为基础。按照唐力权关于"场有哲学"的观点，"存在"即发挥功能，亦即在一个实在的动态脉络中，扮演一种角色或成为一个有贡献的因素。要把握关系网络中存在的实体，必须以对关系网络的了解为认知背景和基础，而意向性、形象感和直觉恰好适应了这种认知活动的需要。

因此，从逻辑思维向直觉思维融合就是要通过现象学还原，即通过直觉把握"事物内部和外部的动态关系网络"。这种关系网络并不是某种可以从其外部考察的完全对象化的东西，人们如果置身于这种关系网络的某个节点上，可以感受自身与周围事物的有机联系，逐渐意识到自身与周围事物是相互构成的，自身的存在取决于各种外界条件的机缘巧合，这就是现象学所谓的"缘发构成"。根据张祥龙的观点，在这样一个相互构成的新存在观中，"人"和"世界"的含义同时发生了深刻的变化，即从传统的"主体"与"所有对象的集合"的外在关系，转变为相互缘起的关系。现象学和解释学的方法就是将被逻辑分析简单分割的现象、事物、经验、理论逐渐复原。现象学还原强调对"前述谓""前判断""前对象化"等概念的理解，看似晦涩难懂，实际上都是为了满足在具备有机特性的动态关系网络中认识事物的需要。在英译汉过程中，尤其是理解英语隐喻时，除了要与语境保持紧密的联系，关键是要把握、理解本体和喻体之间建构起来的概念联系，即准确解读定义。这一过程需要分析最终建构本体与喻体的格式塔，揭示建构本体和喻体之间概念关联的诸多关系节点，然后在汉语中选择与其相对应的概念维度。在具体的翻译过程中，分成如下两种情况：

第一种情况是本体的概念在汉语中有相同或基本相似的喻体可供选

择，可以采取直译方式翻译。例如，2018年初，时任英国首相特雷莎·玛丽·梅（Theresa Mary May）在访华时说："…the Golden Era of UK-China relations was established."，其中gold（en）一词与汉语"黄金"一词在概念上基本一致。在中国传统文化中，"金"被视为贵重之物，有"尊贵""贵重""难得""持久""坚固""有光泽"之意。汉语成语中有"一诺千金""固若金汤""金戈铁马"等；常用词语有"金领""金饭碗""金字招牌"等。英文中"gold"一词除了表示"黄金、金属"外，还表示"宝贵""优美"。例如，英文中"a heart of gold"译为"金子般的心"，"a voice of gold"译为"金嗓子"；"Golden Age"表示"（希腊故事中的）黄金时代；一国历史上的黄金时代（文学或艺术最兴盛的时代）"，指能够取得较大成就的特定时期。由于英语单词"gold"和汉语"金"共享"重要""值得期待"的概念维度，换言之，虽然文字不同，却可以产生相同或相似的意象。因此，特雷莎·玛丽·梅所提到的"Golden Era"也可以理解成"黄金时代"。

第二种情况是汉英语言喻体差异较大，在英译汉过程中，就要选择符合汉语思维和中国文化的喻体。在莎士比亚的名著《奥赛罗》中，伊阿古施计，让奥赛罗对妻子苔丝狄蒙娜的忠贞起了疑心后，趁机煽风点火，说了一句"It is the green-eyed monster which doth mock."，此句中的"the green-eyed monster"用来形容某人极为嫉妒的情绪。而汉语中，"羡慕""嫉妒"之意通常用"眼红"表达。不难发现，汉英思维在表达此相似意思时，都用到"眼睛"，这是一种典型的身体认知的表现。事实上，中西方人在认识和理解外部事物时，都会启动身体已有的逻辑和认知方式去阐释认知对象。在这一过程中，要充分调动想象或联想，让不在场者得以显现，力图把认知对象背后隐蔽的方面综合到自身的视域之内，建立起在场与不在场的联系。根据法国著名哲学家莫里斯·梅洛-庞蒂（Maurice Merleau-Ponty）的观点，原发的意义发生场是第一性的，他用胡塞尔的意向性、生活世界等现象学概念，重构了身心的秩序，提出了知觉的身体性、具有意向性的身体-主体（body-subject）概念。原发的意义发生场是躯体与心灵的结合体，以一个意义发生的结构场形式存在。因此，无论是"the green-eyed monster"，还是"眼红"，都是始于身体的感受，通常因为目睹他人种种特征而产生嫉妒的情绪，进而与不同颜色的概念结合，产生不同的表达。对英语学习者而言，要准确理解英语隐喻，需要揭示英语概念隐喻背后的体认特征，并以此为路径，进一步挖掘其中的文化隐喻特征及其与汉语在文化认知层面的不同之处。

在上述例句中，英语中以绿色作为喻体，而汉语中以红色作为喻体，反映了汉语母语者和英语母语者对颜色概念认知的不同。换言之，颜色概念认知的差异是理解句子的关键所在。具体说来，在汉语中，通常用红色表达激动的情绪，如愤怒、嫉妒，因为人在愤怒和嫉妒时，眼睛一般会充血，呈现血红色，俗语中常用"眼红""红眼病"等形容某人嫉妒心极强，这些表达都是汉语直观体验思维的显现；而在西方文化中，红色通常让人联想到暴力、欲望，这是英语隐喻思维的特定表现方式。此外，在中华文化中，人们常将绿色与春天、大自然、年轻联系到一起；而英语中，"green"有"（脸色等）发青的；苍白的"之意，还可以喻指"妒忌的"，如"be green with envy"形容某人妒火中烧（非常羡慕）。值得注意的是，西方对"嫉妒"概念的认知始于体认，但是在主客二分的思维方式下，将主体情绪客观化，在本体以外找到与其有相似概念维度的喻体，以"monster"赋予本体较为消极的含义，即怪兽能够钻到人的身体里，让人总把事情想得很糟，或做出疯狂的举动。概言之，当汉英语言表达相同概念，但喻体选择差异较大时，在英译汉过程中，不仅要比较本体概念在汉英语言表达中的差异，而且还要依靠具体的语境，回归到该隐喻产生的历史背景和文化渊源中，在历史与现实之间的动态张力下让真实的语义得以显现，从而避免误读和误译现象的发生。

# 第三节 变通性思维与规定性思维的融合

本节从思维方法的角度，探讨中西方变通性思维与规定性思维之间的融合。中国传统文化注重灵活变通，其中也存在一定程度的规定性；与此相对应，西方文化注重严格的规定性，其中也存在一定程度的灵活性。通过对这两种思维方式融合的讨论，可以揭示如何从逻辑思维的认知基础出发，实现变通性思维向规定性思维的融合；如何从直觉思维的认知基础出发，实现规定性思维向变通性思维的融合。

## 一、变通性思维向规定性思维的融合

变通性思维向规定性思维的融合就是寻找变通成立的合理边界，变通在何种范围内是可行的，何种范围内是不可行的。换言之，就是要追求它成立的条件和边界，寻找在变中不变的东西，而不变的东西其实就是规定。具体到语言表达层面，就是由语境突出转换为形式突出。汉语的语境突出实际上更偏重感受，对语境、情境和阴阳互补的对生结构保持高度的敏感，在转化、生成过程中直接构成存在形态及其意义，让人们在文字的张力中体会其深邃的意蕴，所以汉语更容易激发人对各种变化产生巧妙的理解。例如，中国人对"道"有"一阴一阳之谓道""道者自道也"等表述。到底"道"为何物，人们很难说得清楚，只有在动态语境中才能感受"道"的存在，对"道"的理解才能清晰化。具体到"道"的英译，在英语中比较难找到与其含义准确对应的英文单词。海德格尔曾将"道"理解为"道路"，有一定道理。英语中的"way"的确有道路，以及方式、方法之意，与汉语的"道"有相近之处。不过，汉语的"道"还有"言说"之意，"道"既关乎言，也关乎行，涉及人的思维和行为，内涵远比"way"丰富。因此，西方学界通常将"道"音译为"Tao"。英语也讲究变化，但更多的是按照一定的规则发生变化。规则源于传统西方哲学所推崇的不变的、可被形式化的最高实体。例如，黑格尔辩证法强调事物的发展变化，但是其发展方向还是朝着那个永恒不变的绝对概念；而中国哲学强调"势多不定"，如"易""仁""道""悟"，都是这个特点。

因此，变通性思维向规定性思维融合的实质是"内在相关"向"外在相关"的转换。要做到这一点，需要明确以下两个方面：

第一，要明确规定性思维是逻辑思维严格性和精确性的体现。形式逻辑的基本规律除了同一律外，还有矛盾律、排中律和充足理由律。这些规律的作用在于保证逻辑思维清晰准确，不出现混淆的情况，不产生有歧义的解释。要转换汉语表达和思维活动"动态化""情境化""非对象化"的习惯，使其思想得以用英语清晰地表达出来，掌握英语语法规则及丰富的形式指标是最基本的。在传统西方哲学看来，语言规则高于具体的言说内容。与汉语语法比较起来，英语语法在某种程度上可以脱离语境而独立存在。

第二，英语思维的规则性更多地表现为一种客观的行为规范。在语言学范畴中，它就是语言行为规范。规则属于他律，且规则本身并不要求言说主体须自律，因为它是外在的规范，只要言说行为不违背规则就可以。英语学习者应该从内心自觉地遵守规则，把规则当成自我言说行为的一种约束，同时也是一种自律。规则看起来是他律，但它却建立在自由意志之上，是以义务的形式表现出来的权利。正因为拥有使用语言的权利，所以才要履行使用该种语言规则的义务。

与众多拼音文字一样，英语有着系统且严格的语法规则。语法学习是中国英语学习者掌握英语的难点之一。要克服这个问题，关键在于变通性思维向规定性思维融合。体现在语言层面，就是把汉语语法转换成英语语法。要做到这一点，不仅要理解和掌握英语语法规则，而且要对语法中"法"的概念的认识进行根本性的转换。在大多数西方民众看来，合乎法律的都是权利，即合法的权利；而"公平"与"正义"属于道德范畴，两者的标准取决于公民根据他们的自由意志缔结的契约。既然是建立在每个公民自由意志基础之上，要达到正义，就必须遵守每一个公民相互的约定，基于自由意志达成共识，再把它制定下来，这就是公正，就是"法"。概言之，"公正"与"权利"有着内在的联系。然而，在传统中国文化中，"正义"和"权利"是分开的。中国古代历来强调义利之辨，孔子曾说"君子喻于义，小人喻于利"，说明"义"和"利"是对立的。如果用中国传统思想中的"义"和"利"去理解西方的正义和权利，是不能完全相符的。因此，用中国传统思想文化去解读"法"，"法"就被分割为"正义"和"权利"两个独立的概念。此外，"法"常被等同于政治，"法"和道德的关系，就变成了政治和道德的关系。政治是包含"刑政"的，人们可以把"刑"的概念放在"政"的概念里面。所以，中国传统文化中的道德和"法"的关系，通常就是指道德和刑政的关系。在道德和刑政关系之中，儒家强调道德关系，而贬低刑政的作用。如孔子所言："道之以政，齐之以刑，民免而无耻。"这句话的重点在于用"刑"和"政"作为法则，让人们遵守规定，并用政治来引导人们，用刑法使人们守规矩，那么一个人虽然不敢去做不好的事情，但未必有羞耻感。如果"道之以德，齐之以礼，有耻且格"，就是用"德"和"礼"来规范人们，那么人们就会有羞耻心，并且他们的行为就会受到规范。这个规范是一个人自觉遵守的，他出于羞耻心而不去犯法。孔子这一观点意味着"德"在"法"之上，当政者应采取德政。这一点就与西方"法"的概念大相径庭。"语法"是源于西方文化的概念，在汉英互译中遵循语法和在社会生活中重视规则与法制，在思想上是相通的。

总之，变通性思维融合为规定性思维，就是由对汉语文字之间内在张力带来的动态意蕴的"情不自禁"，转换为传统西方文化中契约论的"循途守辙"。让一种普遍的法则在汉译英过程中贯穿始终，这不仅是变通思维融合为规定思维，而且还是直觉思维融合为逻辑思维的集中体现。这在一定程度上与德国哲学家哈贝马斯（J.Habermas）提出的交谈伦理学的认知主义相一致，即认识事物要以理性为指导原则，即使是个人情感、爱好、欲望之类的非理性的因素，也要具有合理性，形成对事物真正的认识。

## 二、规定性思维向变通性思维的融合

规定性思维向变通性思维融合就是在不变中求变,即遵循辩证思维。在辩证法的理论体系中,强调事物之间的"普遍联系"和"变化发展"。这两个原则的方法论克服孤立、静止、片面地看待问题的思维方式的局限性,有助于跨越认识所规定的学科和知识分类的边界,发现事物内部和事物之间的有机联系,在动态过程中考察事物的特性和变化趋势。根据这一方法论,规定性思维向变通性思维融合的关键是在不变中找到可变的因素,即在规定范围之内,有哪些因素是可变的、是否有可替代物或不同的路径,为了达到相同的目标可以有哪些不同的方式。这对于以拼音文字为母语的人群而言,是学习汉语和理解汉语的重点。英语母语者具有明显的"对象思维"特征,决定了他们追求的是语言和意义在垂直方向上的一一对应关系,他们在语言学习过程中通常偏重表达内容的方式,即习惯性地注重词形和语法,强调句子结构或成分的完整性及秩序性,逐渐形成一种语法的抽象实体类型的思维,依照语法规则展开联想。语词系统与思维系统自然而然地保持高度的一致性,要表达一个清晰合理的思想,不能离开与其对应的词形和语法。拼音文字本身属于线性联想性质,容易形成长句子,这与其遵循逻辑同一律的联想方式有极大关系,句子各成分之间关系复杂,但是目标始终如一。

在面对极为灵活的汉语语法现象时,套用"对象思维"就很难归纳出一套像汉语那样的语法规则。因为,汉语通常依靠语气判断句子的长短,汉语句子要比英语句子短,经常需要改变所表达的意思,加之语法规则灵活多变,语言表达呈现"发散型"特征。表现在文字层面,作为表意文字,汉语表达在"言"与"意"之间通常会产生"言不尽意"的效果,用法国哲学家雅克·德里达(Jacques Derrida)的观点来解释,就是文字与语言之间的"断裂"关系会得出丰硕的思想成果。规定性思维向变通性思维融合的核心在于能够秉持一种"变"的态势,并在整体中进行运作。整体运作意味着变化是在一定范围之内发生的,而非不着边际。对英语母语者而言,他们要理解、学习并习惯汉字传递的模糊含蓄的意味，要学会感受这模糊含蓄意味中的韵味，即在流变的语境，联系诸多关系的节点，体味文字背后的意蕴。尤其是唐诗宋词，通常寥寥几十字，却意思完整，内容丰富。

许多相互联系在诗中的内容被凝聚、浓缩在一起，鉴赏一首诗，就是把一张被凝聚、被浓缩了的网络缓缓展开，即人们常说的赏析。赏析不是推理分析，而是把被凝缩的东西慢慢地、细细地展开，就像抽丝剥茧，以一种"人—世界"融合为一的"在世结构"，通过联想，体味不同的感受，没有固定的模式可循。例如，在2012年，习近平在参加中美企业家座谈会时指出，"风物长宜放眼量"，希望企业家们"不畏浮云遮望眼"。前一句出自毛泽东的《七律·和柳亚子先生》，原意是人生通常会遭到很多困扰与烦恼，要有开阔的眼界和长远的目光。后一句出自王安石《登飞来峰》，原意是不怕山间浮动的云雾遮住远望的视线，体现了作者的远大抱负和高洁情操。在具体的语境中，"风物长宜放眼量"意在企业家的眼界决定境界、作为以及地位。"不畏浮云遮望眼"意在不因一时一事的干扰因素裹足不前，而应着眼长远，拿出更多、更好适合两国消费者需求的产品和服务。可见，在汉语中，从文字建构到最终意义的形成，虽立足原意，但很难依靠一种线性的逻辑推理体味其中意蕴，而是需要在多变的世事中将许多相互联系的节点连成一张网，这个网不是现成的，而是一种含蓄的，具有生发机制的意境。只有通过灵活多变的思维，才能在整体语境中体味其中的内涵。概言之，规定性思维向变通性思维的融合就是要与直觉思维的认知模式相适应，对具体情况进行具体研究，随机应变。但是，这并不意味没有规定，因为没有规定的变通便是诡辩。如果没有任何是与非，没有任何可遵循的规定，没有任何可衡量的标准，只借助似是而非的诡辩对事物本性做随心所欲的理解，绝非辩证法的本意。

因此，对汉语的学习和理解，首先要掌握文字和用法的特点，然后在路德维希·约瑟夫·约翰·维特根斯坦（Ludwig Josef Johann Wittgenstein）所说的"语言游戏"中，学习并体悟汉语的用法。"游戏"意味着自发的参与及完全的投入，有内在的参与方式，包含无法被事先确定的关键因素（悬置规定思维的种种预设）。这一过程中，不仅要避免规定思维产生的命名单一的对应和判断真假的简单标准，还要体验语境本身的变化，在游戏的回旋空间中达到豁然的、贯通的理解。中西语言思维方式之间的融合，是在认识并掌握汉英思维方式的特点、差异性，以及两者产生的根源基础上，不再具有异己性，变成与自由意志相统一的内在必然性，使得思维方式的转换超越自发状态而进入自觉状态。"一切概念毫无例外是相互依赖的"，因而才有"一个概念向另一个概念的转化""一切概念互相依赖与转化"。更为具体地说，汉英思维方式融合，指的是不同思维方式之间的融合，它不是跳跃式的，而是在分析差异性的基础上，找到各自包含的思维结构的对应关系，使得一种思维结构可以通过适当的训练顺畅地转换成另一种思维结构，或自觉地调整一种思维结构相关要素的关系，使之重新组建成另一种思维结构，从而实现较为顺畅、规范、易于理解的表达。

# 第三章 基于第二语言习得理论的外语学习

通过考察语言学习研究的发展脉络发现，20世纪50年代以前，对母语习得研究的共识性解释原理是行为主义的"刺激—反应"学习理论，专家学者从动物实验中类推了儿童语言学习的机制，儿童在成年人的引导和纠正下，不断接受外界的刺激、强化，形成相对固定的语言习惯。20世纪50至60年代，乔姆斯基提出与行为主义语言学习观相反的观点，他认为，语言不是靠行为不断强化而形成的习惯，语言的获得基本上是由先天决定的，人生来具有理解和组成合乎语法句子的能力，这种能力生下来就随语言获得装置嵌置在人脑中。人类获得语言的过程不需要认知活动，也不受环境的影响，语言习得在一定环境的"触发"下自行生长，习得语言主要依靠先天存在的普遍语法，以及生长环境中接触到的具体语言去"激活"固定在普遍语法中的参数，用语言能力生成语言行为。

行为主义理论和乔姆斯基的"先天语言能力说"解释了母语习得的过程，但是能否合理解释第二语言的习得和外语学习，需要更多的假说和验证。语言习得研究在西方有40~60种假说、理论模式和观点。曾有人计算，儿童母语习得需要8 000~10 000小时。然而，第二语言习得者和外语学习者未必有这么多的时间投入外语学习。假设一名学生每天学习外语2小时，全年无间断学习，至少需要11年的累积学习才能达到外语学习时间8 000小时以上。如果从小学三年级起开设外语课，至少到大学一年级，一名正常的外语学习者才能达到儿童母语习得者习得母语的总学时数。况且这种假设太过理想化，实现难度极大。当然，有些儿童学习外语的时间远早于小学三年级，有的可能从幼儿园开始学习外语。即便如此换算，也无法保证任何一名外语学习者能在儿童时期完成外语学习总量。因此，从理论上看，母语习得的机理完全不同于外语学习，母语习得的理论也不能完美地"移植"到外语学习中。20世纪60年代起，第二语言习得研究逐渐成为一门独立的学科，出现了许多新学派、新范式、新思想，其研究成果为我国外语教学提供了理论依据和实践支持。

## 第一节 输入假说与外语教学

输入假说（the input hypothesis）是克拉申监察理论的核心内容，在第二语言习得研究领域产生了重大的理论影响。克拉申认为，"可理解的语言输入（comprehensive input）"是第二语言习得的必要条件，只有习得者接触到足够的可理解性输入时，才能习得语言。促进第二语言习得成功的条件有两个：一是丰富的可理解性语言输入；二是学习者本身拥有的语言习得机制（language acquisition faculty）。强调学习者自有的语言习得装置，可以从侧面证明克拉申是先天论者，他所认可的学习者内在的语言习得机制是否与乔姆斯基的语言习得装置（language acquisition device）相同，还有待考证，但从目前的研究结果看，两者的功能是相同的。从字面意义上考量，克拉申的语言习得机制注重学习者天赋的语言敏锐性、迁移能力，更加看重语言能力的先天性，这与克拉申本人提出的监控假说、情感过滤假说等第二语言习得理论学说一脉相承。乔姆斯基的语言习得装置就像构件一样嵌置于人脑中，成为人体的一部分，更加具有生理特征及其由此而生成的语言学意义。输入假说对外语学习者学习外语产生了深刻的根本性影响，有些主张成为广泛指导教学实践和理论阐释的理据。

## 一、理解是对语言意义的理解

克拉申坚持认为，只有学习者接触足量的可理解性输入，才有可能习得第二语言，这也成为指导外语教学的基本观点：没有大量的可理解性输入，习得外语不可能发生。关于"可理解性输入"的理解，克拉申提出了著名的"i+1"公式，i是英语单词"input"（输入）的首字母，阿拉伯数字1表示变量数量关系，1不是恒定不变的常量，而是随着学习者现有语言水平的变化而变化。也就是说，学习者现有语言水平是可理解性输入的基本参照，学习者实际语言水平越高，输入语言的难度就越大，外语知识越容易被学习者理解，外语学习成功的可能性也越高，反之亦然。

概言之，无论是第二语言习得还是外语学习，输入时的语言水平要略高于学生现有的实际语言水平，如果输入语言的水平低于学习者的实际语言水平，学习过程是低效无趣的；同理，如果输入语言的水平远高于学习者的实际语言水平，学习行为同样无效。克拉申运用"i+1"公式贴切地表达了对可理解性输入内涵的解构，成为外语教学实践者把握教学中"理解"概念的可操作性依据。如果把学习者的实际语言水平视为可理解性输入的出发点，那么"语言水平"具体包括哪些测量维度、"语言水平"指语言形式还是意义，抑或二者兼具，是非常关键的界定。

克拉申第二语言习得理论的核心是"监控假说"，注重学习者对语言形式的检查对照。此后，克拉申把第二语言习得理论的核心调整为"输入假说"，聚焦学习者对语言意义的理解。克拉申关于第二语言习得研究重心的调整，不光映射了他本人对语言观和语言习得观的认识进步，也反映出语言发展变化的规律，以及在世界范围内，人们对语言教学研究的整体调整方向。根据克拉申的观点，理想的语言输入是在自然环境中进行的，注重意义的交际，而不是按照语法序列编排的。语言意义是可理解性输入的核心，此处的理解是意义的理解，而不是形式的理解。换言之，外语学习者能否把语言知识转换为语言能力，具备综合语言运用表达能力是衡量其语言水平的主要标志，仅把语音、词汇和语法知识要素作为学习者语言水平的判断标准是片面的认识。如果学习者把大量的时间放在对语言形式的校正、调整上，即便保证了语言形式的正确性，也一定会影响对语言意义的理解、获得、重构，影响意义的交换与协商，甚至中断意义的连贯表达。在现实的交际中，人们经常能遇到语言形式有误但能表意的言语行为，这些语言并没有影响信息的交流，当学习者把注意力集中于对意义或信息的理解而非对形式的理解时，语言习得和学习会更有效，更接近语言教学的终极目标。

## 二、学习者的当前水平是输入的逻辑起点

根据克拉申的可理解性输入假说，输入语言水平应略高于学习者的当前语言水平，过高或过低都不利于学习者的语言发展。明显高于学习者当前水平的语言输入，学习者不仅无法理解，还会挫伤他们的自信心和积极性。明显低于学习者当前水平的语言输入，不仅容易导致学习者的语言学习水平倒退，而且还会因为缺乏挑战性而产生乏味、无趣等消极情感态度，甚至完全丧失外语学习兴趣。完全与学习者当前水平一致的语言输入可能会致使学习者外语学习水平停滞不前。因此，克拉申"i+1"中的数字 1 是个变量，其大小取决于学习者当前语言水平的自变量，"i+1"有可能是 i+1，i+2，i+3，…。语言输入是"粗调输入"（roughly tuned input），包含若干层次的语言输入，就外语课堂教学的语言输入而言，需要关注以下三个方面：

### （一）学习者语言水平的评价方式

克拉申在充分研究的基础上，把第二语言习得研究的重点从以学习者监控语言形式为主的"监控模式"，调整为以关注意义理解为主的"输入模式"，学习者对语言意义的理解水平代表语言水平。尽管如此，语言形式与意义是同

一事物的正反面，意义的理解离不开形式，如果没有语言形式知识作为基础，学习者就会缺乏把语言素材有序组织起来，并开展听、说、读、写技能训练的规则，也无法培养其语言综合运用能力。

意义理解水平是个十分抽象的概念，对外语学习来说，综合语言运用能力就是语言水平的集中体现。不了解学习者的真实语言水平就等于无法进行有效的可理解性输入，"教"与"学"必然脱节，教学效果不言而喻。一般来说，通过量化的测试（如试卷成绩），可以判断学习者的语言知识水平，但测试的成绩并不能完全反映学习者的语言水平，即通过语言技能把语言知识转化为语言能力的水平，或语言综合运用能力。诊断语言水平的方式既包括对学习者学习过程的评价，也包括学习结果的检验，既要关注学习过程，又要关注学习结果。外语教师如果把学习者课堂提问反馈、课堂表现、教学任务完成情况、作业完成情况、考试成绩等各种学习过程和学习结果评价要素集成汇总，把学习者平时学习表现记载和阶段性测试成绩结合，并为每个学习者建立"语言成长档案袋"（language development portfolio）就能比较客观地诊断和掌握学习者的当前语言水平和语言发展阶段。而过程性评价（formative evaluation）和结果性评价（summative evaluation）如何占比才更具有评价的科学性，是另外的研究课题。

## （二）中等水平是教学设计的参照系

大班教学是我国外语教学的基本存在样式，对于一个由五六十人组成的班级而言，即便教师了解个体学习者当前的语言水平，也不可能满足所有学习者的语言水平差异。外语学习受到学习者家庭背景、学习经历、教学条件、认知水平，以及个体内部差异等诸多因素影响，每个人的语言水平都有差异，外语学习的优势和劣势各不相同，个体外语水平的差异要比第二语言水平的差异大得多，如此，班级外语教学设计以哪些目标人群的语言水平为参照，是外语教师现实的困惑。

把中等语言水平作为课堂教学设计的参照系，主要有两个优点：

第一，能"抓中间、带两边"，易于观照全体学生。粗略地说，一个班级内具有中等语言水平的学生往往占大多数，如果以中等语言水平为参照标准进行教学活动设计，既能满足班内多数学生的学习需求，也便于教师在教学时向两头延伸，同时兼顾不同学生的需要。按照中等语言水平设计的教学活动灵活性高、张力大，教师可以在已经设计好的活动的基础上，通过替换局部信息、变更语言形式、强化反馈方式等，较轻松地调整教学活动的语言水平难度，兼顾学生的学习需求。例如，通过连续发问（cluster questioning），可以增加活动难度，为学生提供更多的展现自己的机会。如果以高等语言水平或低等语言水平为参照设计和实施教学，不仅教学设计的可变性（flexibility）降低，难以满足全体学生的需求，而且还不利于学生的集体意识、合作意识等核心素养的养成。如果教师出于"教"与"学"更好地双向互动的需要，就不宜选择同一学生频繁交流示范，避免对学生个体或集体积极情感的培育造成不利的影响。因此，关注学生个体差异，面向全体学生施教，是落实"全人教育"理念的基本要求。

第二，以中等语言水平为基准的教学方案容易调整。教学方案是实施课堂教学的基本依照，以哪些目标人群为潜在的或具体的教学对象设计教学方案，是教学目标、教学重难点、教学方法等规定性内容的必要前提。没有一成不变的教学方案，优秀的教师会在具体的课堂上根据具体的课堂事件和突发事件，及时、科学地调整教学方案，迅速适应当前课堂情形，弥补先前预设（prediction）的不足。以中等语言水平为基准设计的教学方案具有容易调整的显著特征，便于满足班级学生的多样化学习需求。如果教师备课时对所教班级学生真实语言水平估计不足，可以在课堂教学中采取删减语言水平要求过高或过低的活动、增加过渡性活动等办法，调整教学方案中提前设计好的教学活动，促使教学活动中输入的语言水平略高于大多数教学对象的当前语言水平。临时增加或删减教学活动对教师的教学能力要求较高，既需要教师对当前课堂变化做出及时准确的判断，也需要从教学设计的宏观、中观和微观三个层面出发进行调整。一般而言，课堂教学中需要临时调整的教学活动都是中观、微观层面或者介于中观、微观之间的活动，这样能最大限度减小对整个任务链内部逻辑关联性的影响。为了避免仓促调整教学预案的尴尬，很多教师备课时会设计替代性教学活动（substitutional activities），充分应对预判不足带来的教学风险，既保证整个教学设计的连贯性，又便于课堂的临时调整。善于观察和捕捉课堂的微妙变化，及时反思并调整自己的教学行为，为学生营造愉悦且收放自如的课堂生态，是一名优秀的外语教师非常重要的教学品质。

### （三）了解学习者的认知水平和认知风格

认知是学习者认识、理解客观事物的基本能力，包括分析、比较、综合、推理、应用等能力，认知能力对任何学科的学习都相当重要。对认知过程的再认识即元认知能力（meta cognitive capabilities），就外语学习而言，元认知能力是对外语的本质属性、规律、方法的基本看法，反映出外语学习者能够理解语言知识的程度。如果承认外语学习不是简单的机械重复行为，而是一种认知思维活动，那么外语学习与认知水平就存在正相关关系：学习者认知水平越高，外语学习成效越显著；学习者认知水平越低，外语学习成效越低。

语言水平的发展或维持受到认知水平的制约，认知能力一方面源于学习者本身的语言潜能，或学习外语的能力倾向，这种能力可能存在天赋等成分。例如，有的人天资聪慧，语言敏感性强，模仿语言能力强。个体外语能力应包括语音解码能力、语法敏感性、归纳性语言能力、联想记忆能力等基本能力，这些能力都是一般认知能力在语言学习领域的应用与结合。

另一方面，认知能力源于后天的积累，人类在各类学习实践活动中获得的知识、经历、经验等，均会增强认知的能力。理解本身就是一种认知活动，克拉申强调，可理解性语言输入的逻辑起点是学习者的当前语言水平，这就要求外语教师进行输入活动准备时，必须提前了解学习者已有的元认知水平和认知水平，主要包括：管理、计划、调控和评价学习的能力水平，是否具备应有的学习策略知识，是否了解听、说、读、写等各种任务处理的方式方法，是否具备外语课程学习必须相关的语言知识和话题知识、社会文化知识及相关背景知识，等等。这些因素不仅能影响学习者语言水平的形成、变化和巩固，而且还能预示学习者语言发展的能力与水平。虽然根据学习者现有的语言水平进行可理解性输入不能完全包括学习者的现有认知水平，但是认知水平一定和语言水平相关，有效的活动设计必然要考虑学生的认知特征。因此，克拉申输入假说中所指的语言水平，不仅指学习者的外语运用能力水平，还应包括学习者的外语认知水平，即一般认知能力投射在外语学习方面所需要的认知能力的总和。

学习者的认知风格（cognitive style）会影响其认知水平的形成，进而影响外语水平。不同的学习者有不同的认知风格，不同的认知风格会使用不同的认知策略，不同的认知策略呈现不同的学习方法。多元智能理论（the Theory of Multiple Intelligences）充分表明，个体拥有语言（Linguistic）、数理逻辑（Logical-Mathematical）、空间（Visual/Spatial）、身体—运动（Bodily-Kinesthetic）、音乐（Musical/Rhythmic）、人际关系（Interpersonal/Social）、自我认知（Intrapersonal/Introspective）、自然观察（Naturalistic）等多种智能。各种智能此消彼长，一个人不可能将所有的智能都保持在高水平状态。例如，一个数理逻辑智能强的人，可能其音乐智能相对较弱。多元智能理论为理解个体学习能力倾向的变化规律提供了认识论基础。人的智能没有优劣之分，只是不同的个体拥有某种智能的强弱程度不一，表现出来的能力倾向不一，同理，认知风格反映出个体认知客观事物的方法倾向，也没有好坏之分，不同的人喜欢不同的认知风格，当学习者的认知风格与教师的教学风格、活动风格及课堂生态中的其他因素保持一致时，学习效果可能更好，相反，如果学习者的认知风格与教师的教学风格相冲突，学习行为就迟缓，需要注意的是，这并不代表学习者的认知风格低劣。教师无法顾及班级内每个学习者的认知风格时，学生主动调整，并靠近教师的教学风格可能相对更容易。"每个人都有自己的优势潜能，或长于他人的某种智能、能力，只是表现的形态、时间各异。"这是教育工作者必须坚定的信念，最大化地发挥、激发和培养每个学习者的优势潜能是教师的天职，也是教育的应有之义。

## 三、教学语言和教材是外语课堂输入的主渠道

从信息渠道和信息处理方式的角度出发，外语教学包括信息的输入和信息的输出，介于输入与输出之间的是信息的交换、加工及处理，听和读是语言输入活动，说和写是语言输出活动。外语课堂上能够提供输入的渠道主要来自教师和教学材料，学习者同伴之间交流协商也是信息输入的一种方式。为了便于讨论，下面主要阐述课堂教师的教学语言和教学材料两种外语学习输入渠道。

（一）教学语言的可理解性输入

教学语言是课堂上教师表达的全部语言的总称，也被称为课堂用语。实际上，教学语言与课堂用语大不相同，课堂用语主要指指令性（instructional）语言，即教师为完成教学活动而发出，并要求学生执行的课堂指令（instructions）、命令（orders）、要求（requirements）等，教学语言既包括教学指令，也包括教师进行语义阐释的解释性语言、教师提问时涉及意义理解的交换语言信息，以及师生互动交流时使用的语言。教学语言和课堂用语称谓选择的背后，隐藏了使用者的语言观和语言教学观，选择课堂用语的一部分使用者认为外语教学完全在教师的控制和主导下，学生只是听从于指挥的"机器"，整个课堂活动以母语讲解和反复操练为主，具备典型的教师中心课堂特征。选择教学语言的使用者除了发出必要的强制性教学指令外，教学语言更多用于解释、交流、提问等教学环节，而且以目的语为主，较少掺杂母语，教学语言具有示范、澄清，以及为学习者提供标准的语言学习范本等多重功能，具备典型的学生中心课堂特征和交际教学属性。

教学语言是学生课堂获得语言输入的重要信息源，甚至比教学材料提供的语言信息对外语教学产生的作用更直接、更有效。一方面，教学材料是静态的、无声的，更易滋生乏味和阅读倦怠；教学语言是动态的、有声的，更容易被学习者接受，而且面对面的交流更能引起学习者注意力的聚焦，再加上教师角色

本身被赋予的威严,更有利于学习者现场管理自己的学习行为。另一方面,教学语言是语言行为和非语言行为的综合使用,声音、动作、表情等各种信息并用,能最大限度调动人体多种器官参与学习的积极性,激活学习者接收信息的渠道,对比之下,依赖教学材料的信息输入略显单一、沉闷、费力。因此,教学语言在为学习者提供"临摹"目标语学习机会的同时,帮助学习者理解语言意义,生成可理解性语言输入。这样,教师输入的教学语言水平与学习者的实际语言水平之间的差距就显得极其重要。

### 1.尽量用目的语组织课堂教学

教学语言兼具讲授和语言示范的双重功能,对大多数缺乏目的语语境的外语学习者来说,教学语言可能是学习者在教学场唯一能够实时互动交流,且具有现场感的语言载体。某种程度上,学习者对外语的感性印象、对外语地道标准的最初判断,以及喜好或厌恶外语的程度,大多出自外语教师的教学语言。教学语言的示范性同时具有积极作用和消极作用,外语教师标准的语音、流畅的表达,都会强烈诱发学习者的外语学习兴趣,学习者出于景仰或崇拜,而对外语学习产生高期待,形成高水平的自我动机。

用目的语组织课堂教学的核心,是为了给学习者提供接触目的语的机会,使其在真实的交际任务中,掌握使用目的语进行信息交流、协商的能力。浸入式学习法(immersive learning)表明,语言是在大量的语言接触和浸泡中学会的,正如在游泳中学会游泳一样。如果外语教师使用母语组织外语教学,以汉语和英语为例,在一个以汉语教学语言为主的课堂学习英语,学生除了阅读教学材料中静态的英语文本之外,连听教师说英语的机会都没有,那么学生就不可能具有用英语进行交际的能力。

### 2.教学语言是言语行为与非言语行为的配合

日常交际是言语行为和非言语行为的组合使用,而且非言语行为的使用频率更高。例如,年龄越小的交际者越喜欢和擅长使用非言语行为描述;彼此熟悉的交际者由于相互知根知底、心有灵犀,使用动作、眼神等非言语行为表达会更加传神,交际更高效、更愉悦。

  课堂教学效果绝大多数是通过教师的表情、举止等非语言手段实现的,用目的语组织起始阶段的外语课堂教学是完全可能且十分必要的,因为外语教师可以使用大量的非语言行为替代表达出启蒙学习者听不懂的一些教学语言,营造寓教于乐的语言学习氛围,满足年龄小的学习者喜欢在"玩中学""演中学"的心理渴望。另外,"汉语和英语并用"的外语课堂涉及两种语言的编码、解码、互译等高级学习行为,对低龄学习者和外语程度低的学习者来说,可能是增加理解难度,而不是降低理解难度。非语言行为不仅能丰富、准确地传递语言信息,更能简练、生动地表达教学要求。有时,外语教师用非语言行为传达教学指令比语言更准确、更快捷,学习者的理解也更到位、更容易引起情感共鸣;有时,语言行为与非语言行为互相配合,相得益彰,传递的信息更加生动形象,教学效率更高。

  就外语教学而论,教学语言中的非语言行为大致包括以下几种:

  (1) 身姿语

  身姿语指的是教师运用自己身体的姿势传递信息。身姿语既能独立存在、独立运用,也能与其他言语或非言语行为组合使用。在课堂上,教师的身体姿势能表达丰富的教学信息。例如,短时间在讲台直立驻足,既是驾驭整个课堂、监控全班学生学习行为的需要,也可能是为了有效管理课堂,保持动中有静、静中有动、动静相宜、活而不乱的学习秩序;如果教师频繁俯身倾听特定教学对象的活动参与情况,可能明确传递了跟踪关注其学习进展的愿望,而对未按要求实施学习活动或活动完成较差的学习者而言,这种非言语行为表达了直接的暗示、警示作用,如果再配以严肃的表情,威慑作用更有效。教育的价值体现在举手投足之间。

  (2) 手势语

  手势语是外语教学语言中常用的非语言行为类型,指教师通过双手动作、姿势的变化表达丰富的肢体语言信息。恰当的手势语可以起到简化教学语言的作用,发出的指令明晰、不可逆性强,能有效管理课堂,保持课堂井然有序。

例如，手势语用于组织操练活动时，如果教师双手掌心向上舒展并微微向上抬起，是全班操练的指令；如果教师单手舒展托起，掌心向上并指向特定对象，则意指单个学生回答问题；如果教师双手舒展，掌心向下按压表示需要安静；等等。手势语能非常巧妙传神地表达教师的教学要求，也能与语言行为交织，阐述比较复杂的语言现象，用于解释、例证等教学环节。得体的手势语能起到事半功倍的教学效果，但是不当的肢体语言不仅显得笨拙，还会误导教学意图，起到相反的作用，尤其是习惯性的多余的肢体动作，会制造冗余信息，干扰注意力。因此，外语教师使用肢体语言要更谨慎、更得当。

（3）眼神语

常言道："眼睛是心灵的窗户。"目光具有传神表意的神奇效果，也是一种更含蓄、更微妙、更复杂的语言。目光接触，又称眼神语，是一种重要的交际反馈形式，表示交际双方彼此注意，也是实现情感交流的有效方式，有敏锐观察力的人可以从一个人的目光中感知其情绪、情感和态度的变化。目光接触还可以表示交际者彼此的情感距离，一般来说，交际双方的关系越密切，接纳程度越高，目光接触的次数就越多，接触后保持的时间也就越长，反之亦然。

教师的眼神语不仅能传递丰富的语言信息，还能表达明确的教学意图，实现"教"与"学"高度互动契合。例如，教师在课前瞬时扫视全班，对学生迅速转换课程意识具有强烈的收心和镇静作用。外语教师课堂中的眼神交流主要有三种形态：

第一种：目光仰视。如果教师的目光长时间聚焦天花板，并不一定是不屑一顾、目空一切的表现，有可能是故意掩饰紧张情绪。这种目光移动方式不被提倡，因为容易遭受误解和误导。

第二种：目光俯视。长时间低头或频繁注视地面是内心焦虑、恐慌、紧张和不自信等消极情感的外在表现。自信是人际交往的重要品质，无论是外语学习者，还是外语教师，自信心永远是成功的关键。

第三种：目光平视。师生目光平视接触是"师生平等"的必要前提，只有平等、和谐的师生关系和愉悦的课堂氛围，才能创造无拘无束、自由交流的交际环境。低焦虑课堂容易培育高动机和自信的外语学习者，也有助于培养学习者良好的交际习惯与交际能力，有利于积极情感态度的形成。

（4）面部表情语

面部表情反映人的各种情绪状态，以及对特定事物和特定行为的看法、态度、兴趣。教师丰富的面部表情不仅能活跃课堂情趣，更重要的是能帮助学习者找到情绪状态，从真实的内心情感世界出发，感知、解读、内化输入语言的意义，理解语言的言外之意。语言的言外之意是超越字面意义的真实含义，体现说话人或作者的真实交际意图。缺乏面部表情的语言表述往往难以揣摩，而带有表情的语言所提供的解构语言的线索，能把晦涩的信息生动化、形象化，甚至可以通过捕捉微妙的表情变化理解语言的文本意义。

面部表情是否是自然的情感流露，反映个体内心的真实状态，是情绪研究领域重要且颇有争议的话题。但是，如果教师在课堂教学中适当使用夸张的表情，那么教师可以在放松心情、缓解压力的同时，调节课堂气氛，刺激学生大脑负责学习的区域，增强记忆，收获意想不到的教学效果。另外，情绪具有传染性，积极的情绪对培养学习者健全人格和积极情感有促进作用；消极的情绪会带给学习者负面的影响，不利于营造愉悦的课堂氛围，教师的不良情绪也会打击学生的学习兴趣和积极性。教师在课堂上的理想状态是始终保持饱满、乐观向上的情绪，不把负面情绪带进课堂。

相较而言，青少年学习者的面部表情能传递他们比较真实的学习状态及情感变化，这是教师了解学生的最佳途径。细心的教师会通过捕捉学生表情的微妙变化，判断和预测学生的学习进展及内心世界，其结果要比言语交流更有效、更真实。教师若想检查自身的提问策略是否使用恰当，可以观察学生的"抬头率"和面部表情，如果某个学生完成学习任务后，抬起头并用期待的目光注视教师，表明该生已经做好了回答问题的心理准备和知识准备，为有准备的人提供表现的机会可以建立其自我成就感，增强其自我动机水平。如果大多数学生低头不语，表情呆滞，教师就要反思提出问题的难度、提问的方式与时机，以及留给学生信息处理的时间是否充分等，并及时调整或补救突发教学事件。教育的意义在于不断挖掘学习者的优势潜能，为学习者创造展现长处的机会和条件。

反思是教师职业成长的必然和有效途径，反思是过程性的，而不是结果性的。课后反思发生在教学行为结束后，更注重教学结果，从结果倒推过程。由于教师难以复原课堂现象，反思的结果往往以偏概全，无法顾及所有教学对象。因此，课中反思显得更重要、更客观、更能促进后续教学的积极变化与发展。

（5）副语言

副语言，又称伴随性语言，主要指超出语言特征的附加现象，如停顿、犹豫、叹气和拟声等。副语言的存在形态以依存型为主，与语言行为和其他非语言行为相伴而生。例如，教师说话时突然停顿，是典型的副语言特征，目的是重新唤起学生的注意力，或者平息吵闹声，维持课堂秩序；如果教师在讲课时，故意加大声音音量或者放慢语速，重复讲解，表明所讲内容为教学重点或难点，需要格外注意学习；如果教师在师生互动交流时，故意犹豫或发出一连串重复但无意义的字符（如使用"so..."语式），这既是副语言，也是教学策略，目的是诱导或期待学生做出得体的回应，如果学生仍然回应不当或者无反应，教师会重新规划问题，启动新一轮话轮，探索言语理解。副语言是外语教学中重要的教学语言，如果运用得当，可以对语言起到补充、辅助、强化的作用，为语言教学赋予更多的教学意义。

3.英语教学语言的主要特征

指令性语言是英语教学语言的主要组成部分，是教师为了完成整个教学任务而使用的具有明确指向性、规定性的语言和非语言。如果把指令视为教师的"教"作用于学生的"学"上的结果，那么，指令性语言也具有双边和动态特征。英语教学语言的另外一部分是教师用于解释、交流语言的语言，如果晦涩难懂、缺乏可理解性，学习可能失效甚至无效。从教学语言本身和使用范畴看，英语教学语言具有以下特征：

（1）规范性

规范性是教学语言的基本属性，与其他学科课堂教学语言相比，英语教学语言的规范性尤为重要,因为它不仅是完成外语课堂教学的组织性语言,还具有外语学习的示范功能,是外语学习者接触目的语的重要介质与途径,对学习者目的语的未来发展、规范程度影响深远。英语教学语言符合目的语组成规范主要体现在以下三方面:

第一,标准的语音、语调。

第二,符合英语内部组成规则。

第三,符合英语文化特征和表达习惯。

当我国目的语语境较为匮乏时,许多外语学习者会把课堂上教师的语言作为模仿的语言范本。因此,外语教师要尽量避免使用中介语、汉化的英语,或英汉混合杂糅的表达,避免阻碍学生学得标准规范的目的语。

（2）可接受性

可接受性主要强调语言的规范性和可理解性,也就是英语教学语言既能被以英语为母语的本族语者接受,符合英语内部标准,也要是外语学习者听得懂的语言。因此,英语教学语言的选择和使用必须根据学生的实际语言水平、教学内容和课堂教学变化而定,应当略高于学生现有语言水平又能被学生理解、接受。同时,英语教学语言也是语言行为手段与非语言行为手段的密切配合,教师可以使用同义词、近义词、反义词、上义词、下义词,以及释义、注解、重复、举例、图表、思维导图,或直观、形象、生动的手段呈现、解释、巩固语言知识,也可以使用简化英语或简单英语解释复杂的目的语,简化的英语是对源语言的技术改造,但又保留了源语言的语言风格和内部规范。

教学语言不同于自然语言,自然语言是生活语境中的自然交际,主要功能是接受、交换信息,并进行意义协商。表意是首要的需求,而教学语言是为了实现教学目标,组织教学活动而使用的语言,具有告知、命令、提示、警示、反馈、解释、交流等多重功能。虽然外语课堂教学改革提倡"教学交际化,交际生活化",但是教学情境的特定性、模拟性特点决定了教学语言的话语结构和方式,学习者需要接收准确、清晰的语言信息并据此完成教学任务,任何含糊、混浊、冗余、累赘的语言信息都不利于学生对信息的分类、筛选、加工,学生无法立即采取有效的学习行动，势必会降低教学效率，如果学生连教师布置教学任务的语言都听不懂，如坠云雾，似懂非懂，那么完成教学任务的效果可想而知。

可理解性是教学语言的首要要求，只要表意准确、信息集中，便于学习者迅速捕获，那么教学语言的话语结构可以是词、短语，也可以是简单句，不必使用复杂句或者较长的语段。词和短语是指令性语言和解释性语言常见的语言结构，信息密集，短促有力，祈使句是教学语言中使用较多的句型。有的教师误认为教学语言结构越复杂，越能彰显自己的语言水平，越具有课堂震慑力，越容易赢得学习者的敬仰，这显然与克拉申的可理解性输入理论相悖。句子越长，信息量越不集中，重点信息的提取越困难，越容易分散学习者的注意力，养成其漫不经心的不良学习习惯。从信息接收角度看，教学语言或课堂交际，与自然交际的信息加工处理机制是相同的，学习者通过各种感知器官接收信息后，对冗余信息进行过滤与剔除，排除无关信息和次要信息的干扰，迅速获得主干信息，理解教学意图，并尽快采取行动。结构过于复杂的教学语言不仅会导致学生信息过滤慢，理解不准确，而且教师容易在无形的课堂焦虑下，出现表达错误，如人工语言痕迹明显，母语化倾向严重。语言知识性错误是教师致命的专业缺陷，对教师形象的损坏程度最大，优秀的教师要善于把复杂的东西简单化，而不是把简单的东西复杂化。

某种程度上，教学语言更多具备人工语言的特点，是教师为了方便学习者理解，有意识地对自然语言信息进行加工处理后的语言，或者是教师根据目的语规则自行组织的语言。因此，教师完全可以根据事先设计的教学程序，精心准备教学过程和教学语言，有效应对课堂突发事件，避免因慌乱而导致词不达意，甚至语言使用错误。

（3）阶段性

阶段性是建构主义语言学的基本观点，承认语言学习具有渐进式的学习特点。外语教学关注过程比关注结果更具有教育学意义，外语学科之所以不同于其他学科，就是因为外语知识需要通过大量的听、说、读、写、译等语言技能训练，把知识内化为综合运用语言的能力，再表现出来。语言能力不是生来具有的，而是学习的结果，这就是"外语学习=知识+技能+能力"的过程性属性，这个过程是逐渐完成的，不可能一蹴而就。

另外，外语教学不完全是传授知识，或者准确地说，外语知识是静态的，即使掌握了语言知识，没有经过大量的语言技能训练也无法转化成语言能力。克拉申输入假说中的"语言水平"是指语言能力的水平，而不是语言知识的水平。换言之，对外语学科而言，意义的理解依靠的是能力，而不是知识。当然，不能否定或排斥知识在外语学习中的重要作用，没有外语知识，就不可能培养外语能力。通过听力和阅读训练获得语言接受能力，通过口语、写作训练获得语言运用能力，这都是一个不断提高的过程。作为组织教学活动的语言，教学语言理应要随着学生语言能力的提高而提高，不能把教学语言固定在一成不变的话语模式和语言水平上，不同的教学阶段和学习阶段对教学语言的需求不一样，其形式的多样性和意义的丰富性要符合学生由易到难，由简到繁，由单一到复杂的认知发展规律，使课堂教学一直充满吸引力和挑战性，不断激发学生的求知欲，提高外语学习动机。

（4）趣味性

风趣与幽默是一个人的优秀品质，也是优秀教师的重要品格，更是教学语言的重要特征。趣味性强的教学语言不仅有助于形成活跃的课堂气氛，有效沟通师生情感，激发学习兴趣，而且还有利于形成独特的、令人愉悦的教学风格；同理，呆板、生硬、缺乏节奏韵律的教学语言不仅容易滋生沉闷、乏味的课堂语境，更会抑制语言的形象性和生动性，招致学习者对外语的厌恶与偏见。一个优秀的教师能把自己的优势潜能发挥得淋漓尽致，幽默风趣的教师会充分、合理地用幽默小故事、英语笑话、丰富的肢体语言和形象的比喻，教授知识，培养学生可持续发展的学习热情，收获事半功倍的教学效果。

认识英语教学语言的特征能更好地帮助英语教师发挥英语教学语言的功能和作用，实施有效教学，提高教学质量。英语教学语言的结构特点，以及进行可理解性输入的条件和方式远不止于此，这需要教学实践者和理论研究者的共同探究。另外，在我国的英语教学场景中，尽量使用英语组织英语课堂教学并不等于完全不允许使用汉语。例如，教师在讲解抽象的语言规则、概念，以及呈现抽象的词汇和专有名词时，直接用汉语讲解要比用英语解释更易被学生理解。

**4.语码转换与多模态话语组合使用研究**

（1）对多模态的理解

随着科学技术的发展，人们发现，单纯从语言的角度已经不能对课堂话语进行深入而全面的分析和研究，因为课堂话语意义中的一大部分是由非语言因素体现的，如手势、身势、面部表情、动作、移动等身体特征，课件、音响设备、网络、实验室、周围的环境因素等非身体特征。在这种情况下，交际不再单纯利用一种感官的交流，而是用两种或多种感官同时进行交际，如用课件上课是视觉与听觉同时进行的；模拟与讲解则是听觉、视觉和触觉同时进行的。人体视觉、听觉、嗅觉、味觉和触觉这五种不同的感知通道分别诱发视觉模态、听觉模态、触觉模态、嗅觉模态和味觉模态五种交际模态的产生。仅依靠某个感知通道获得单一模态的外语课堂已经比较少见，两种或多种模态话语交互并存成为课堂的普遍现象。利用人体多种感知器官、多种话语模态，整合认知、理解、学习语言成为语言教学的新动向、新方法。语言习得过程体现认知能力的整体性，需要借助多模态话语、非言语行为进行整体感知，帮助师生传递并理解精准、形象、逼真的语言信息，弥补言语未传递的信息，共同建构特定语境的话语意义。

（2）研究方法建议

依据多模态语篇理论、语码转换顺应模式和课堂话语分析理论，师生课堂语码转换能调动多模态课堂语篇中的各种符号系统（语言和非语言），顺应师生心理认知、社会文化、课堂生态，并动态、主动地选择。如果语码转换和多模态话语有效组合，不仅能提升学习质量，而且还能增强教学语言的可理解性，达到预期的教学效果。建议外语教师使用以下研究方法开展语码转换和多模态话语组合使用研究：

方法一：个案研究。

依据不同的教学风格、教育信念、教育背景、教学课型特点，选取若干名教师的英语课堂为个案研究对象，长时间对完整课堂或特定课堂片段的录像、录音整理分析，根据需要转述成文字材料，加以统计分析，跟踪考察师生语码转换与多模态话语组合使用分布特征及动态变化特点。

方法二：深度访谈。

根据个案研究的视频和纸质记录，选择相应的授课教师和参与的学生，进行追溯性访谈，了解他们语码转换和多模态话语组合使用的原因、想法，以及潜在的教学观念，分析生成机制与动因。

方法三：问卷调查。

使用教师问卷，调查同课型非样本教师课堂上多模态话语与语码转换组合使用的频率、形态、功能、影响因素及原因，与个案研究教师数据比对，尽可能全面地揭示教师多模态话语与语码转换组合使用的机制及运作模式。使用学生问卷，主要了解他们对语码转换和多模态话语组合使用的态度、能力与成效，以及选择的缘由，尽可能全面地揭示学生语码转换与多模态话语组合使用的特点及运行模式，并客观判断组合使用所产生的教学价值与作用。

外语教师多模态话语与语码转换组合使用，对学生语码转换与非语言行为配合产生的影响程度，以及他们之间的变化关系，均是研究的重点，师生语言和其他模态组合使用的影响因素众多，仅靠静态的课堂观察描述和回顾性访谈，对课堂话语动态变化过程是否有足够的解释力，仍需要进一步研究。

## （二）教材的可理解性输入讨论

### 1.教材的界定

教材是在非目的语语境下，外语教学信息输入的主要渠道，也是学生接受可理解性语言输入的主要渠道。教材作为学科知识和技能体系，既反映了学科的性质和发展规律，也是课程的具体化形式，体现课程标准所规定的教学目标、教学任务、教学内容、教学步骤和教学方法。教材、教师、学生、教学环境是整个课堂教学生态的四大基本要素。在整个课堂教学中，教材的作用举足轻重。教材不仅是实施教学的主要依据和工具，也是学生学习知识、训练技能、发展能力的主要依据。

  程晓堂教授根据英语学科的规律与特点，界定了教材的范畴，把教材分类为广义教材和狭义教材。广义的教材指课堂内外师生为了满足教学需要而选择和使用的所有资源，包括教科书、教学辅导用书、报纸杂志、教学卡片、多媒体课件、音频、视频，以及教学实物用具等。狭义的教材专门指教科书，以及与教科书配套使用的练习册、教学挂图、课外读物等。换言之，广义的教材是指一切可以用于教学的资源，具有可选择性，最终的选择权归属于教师，狭义的教材是教学必需的一整套材料。英语课程资源包括英语教材，以及有利于发展学生综合语言运用能力的其他所有学习材料和辅助设施。外语教学鼓励开发、使用广义的教材，为学习者提供丰富的多样化选择，满足不同类型学习者的学习需求，现代教育技术的发展和科技产品的开发，为英语课程提供了丰富的学习资源，也为学习者广泛接触、学习和使用目的语提供了多种途径。用于外语学习的材料、介质和模态越来越多，功能越来越人性化、智能化。例如，以微信为载体的外语学习，其强大的音频转换、实时纠错、动画演示、互动交流、多元检测功能备受外语学习者青睐，有效弥补了课堂教学条件的不足，成为课堂教学的延伸和补充。

  无论科技如何发达，课程资源如何丰富，教科书仍然是教学过程的核心材料，是学生直接学习的文本，是理解课程内容并达到课程目标的主媒介，是连接学生生活和学科内容最短、最有效的桥梁，同时也是外语教学质量评价的命题依据。教材作为基本的、核心的教学内容体系，对学习者理解、形成、发展目的语具有不可替代的重要作用，外语课堂教学输入是否有效，教材提供的语言的可理解性扮演着根本性的角色，过于晦涩或者过于简单的教学材料语言都不符合克拉申的"i+1"标准。

### 2.外语教材是自然信息与人工信息的组合

教材提供的信息、呈现的顺序，对整个教学过程起着关键性的作用。有的学者认为，英语信息具有自然性和人工性两种性质。自然信息，又被称为真实性信息，是指直接从客观事物的自然状态中摄取的信息。换言之，自然信息是从人类自然生活中提取的生活化的语言，是日常语言形式。获取自然语言信息的途径很多，通过与以目的语为母语的人交谈、听英语广播、看英语原声电影与电视节目，阅读英文原版小说、报纸、杂志等途径，都能直接获得自然语言信息。把自然语言作为学习其他知识的语言工具，用于完成其他学科课程的教学工作也是深入学习自然语言的重要途径。以英语为例，自然语言信息是把英语作为母语的人所使用的语言，其语言的纯正、地道和标准是不言而喻的，这也是外语学习者努力期望达到的语言水平。然而，外语学习者很难有充足的时间和机会，像习得母语一样在自然交际途径中学习外语；另外，外语学习者，尤其是初级阶段的外语学习者，学习完全由自然语言信息组成的教学材料存在难度。因为自然语言更加注重意义的理解而非形式的理解，理解生活化的真实语言不完全是词汇障碍，自然语言往往具有典型的非语法性（ungrammaticality）结构特征，句子不合乎语法规范，并夹杂方言（dialectic）、熟语（idiomatic）语汇，而且容易对标准外语的学习造成较大的负迁移作用。外语学习者对外语结构的语法性和规整性有强烈的诉求，形式上的规范是他们理解和运用目的语的基本标准。另外，生活化的语言在词汇的选择上也以日常词汇为主，尽量避免使用难度大的词，回避学术性、专业性强的词，无论从词汇量还是遣词造句的角度考虑，纯粹的自然语言也不利于外语学习。

人工语言信息是为了满足教学的需要，教材编写者充分考虑教学理论、课程标准、教学目的和学习者因素，对自然语言信息进行重新加工、简化、截短、拆分，使改造后的语言更容易理解，更容易被学习者接受。如果教学材料语言过于人工化，语言形式和内容都会矫揉造作，虚假突兀，严重误导外语教学，成为学习者学习更加接近于目的语的人为障碍。对于初级阶段的外语教学来说，人工信息教材有以下优势：

第一，它能在很大程度上贴近学习者的实际语言水平，教学活动具有很强的目的性和针对性，方便学习者"滚雪球"式地进行学习。

第二，人工信息教材教学信息密集，教学重点突出，语言点集中，便于学习者快速进入新知识的学习。

第三，教学计划性强，教师可以有条不紊施教，对整个教学设计和教学操作具有极强的控制力，也有利于教师进行教学评价等。

关于教材中自然语言信息和人工语言信息的混合比重标准，没有严格的界定与限制。有些学者认为，真实自然的语言材料可以使学习者体验来自真实情境下的语言交际，更能引起学生的兴趣，调动学习的积极性，激发学生的语言学习动机；而有的学者则主张，语言教学不可避免地要根据教学的需要对语言材料进行调整，甚至是编造语言材料，有时需要将语言项目从自然环境中剥离出来，依靠特定的人工信息，训练特定的语言规则。事实上，外语教材中的语言信息是自然语言和人工语言的组合或结合，这并不是一种妥协的做法，而是哲学上的"折中"理念。一方面，自然语言信息可以保证所呈现出来的目的语整体的、原本的风貌，使教材语言风格朝着规范、得体的目的语方向发展，人工语言是在自然语言基础上的改造，既不失自然语言的规范与地道，又能满足外语学习者的学习特点和学习需求，所以自然语言与人工语言组合并不是两种语言信息的简单拼凑，而是深度的融合，其前提是确保教材语言的规范性、标准性和示范性特征，并同时体现外语教材的可教性和可学性。另一方面，外语教材把自然信息与人工信息结合起来，更有利于学习者的学习和教师的教学，教材的语言素材尽可能从报纸杂志、图书网络、电视广播等媒介选取目的语国家真实使用的自然语言，在保证外语学习者能接触到地道正宗的目的语的同时，使学习者接触不同语体、不同语域中不同的语言风格，体悟语言的多样性、真实性，更有助于学习者学会使用多样化的语言形式表达同一语言意义，培养学习者的真实交际能力。

### 3.可理解性是合理使用教材的依据

由于教学环境的差异，不同环境下的课程目标、课程安排、评价内容与方式具有一定的特殊性，即使针对特定教学对象的"一纲多本"教材，也难以满足这种特殊的学习需求。不同语言素养、教学信念、教学方法和教学风格的教师对教材的处理方法各有差异，不同的学习者更有不同的学习目标、学习态度、学习动机、学习方式和学习期待。没有任何一种教材能完全满足特定群体学生的学习需要，也没有完全照搬教材的编排顺序，一字不落教完教材的教师。善于根据学生的情况和实际教学的需要，以学生现有语言水平和认知水平为出发点，依据可理解性输入理论，对教材的内容、结构、顺序、教学方法进行合理的取舍和调整，是一名外语教师的基本职业能力。教材取舍和调整要遵循四个基本原则，分别是交际性原则、相关性和目的性原则、满足学习者需求原则、语言材料真实性原则。程晓堂教授在此基础上，又补充了教材使用的五个原则，即使教学活动更具有操作性、使教学活动的挑战性更加合适、使教学活动更加接近学生的生活实际、使教学活动的步骤繁简适当、使教学活动的形式更加符合实际情况。无论是外语教学理论研究者还是一线的外语教师，教材是用的（using）而不是教的（teaching），教材的取舍和调整是每个教师不得已的选择，选择的背后受制于教师对外语教学理论的认识和理解，以及课程标准的规定性要求，更取决于学习者外语水平和认知水平，也就是可理解性语言输入水平，学习者能否在能力范围之内通过努力而理解是合理使用教材的现实依据。

从理解发生的条件看，"需要"是理解行为发生的内在动力，需要的程度影响包括理解在内的所有学习动机的强度，需要越迫切，实现理解的动力越强。与此同时，是否贴近学习需要，或者贴近学习需要的程度，也是影响理解的主要因素。学习需要无疑是建立在学习者需要的基础上的，任何一项与个体需要无关或遥不可及的学习任务，学习者都会认为是无趣且不愿为之的，自然不会生成完成任务所需的内在动力。就"教"与"学"的辩证关系而论，教是为了学，学生是教学行为的主体，学生学习的需要理应成为合理处理教材的第一需要。学生学习需要主要包括学生的需要和学习的需要两个主要方面，学生的需要主要研究学生的个体差异，如教材处理中的增加、删减、补充手段或教学活动顺序的再调整等，都是为了更加贴近学习者的认知水平和当前语言水平。学习需要主要考虑学习者的学习方式，如教师在口语练习的基础上增加了视听练习，就是为了使视听学习方式更加贴近特定人群的认知方式，完成教材中原有的口语练习，提供认知上的缓冲与补偿，使教学活动更加流畅。学生学习需要还体现在用学生熟悉的话题替换教材中学生陌生的话题，调整的目的是更加契合学习者的认知结构，避免认知冲突导致的理解困难。

教材的取舍与调整并非易事，必须建立在广泛全面的外语学习需求调查分析，以及对教材本身的科学评价基础之上，不可简单地删掉几个单元，更不可以语言水平低为借口，随意变更教材中设置的教学活动。不影响教材整体结构的完整性和系统性是教材处理的总体原则，不具备教材取舍和调整能力的教师不要仅凭个人的喜好任意增减。

## 四、输入假说的局限性

克拉申的输入假说影响广泛，对外语教学的影响也很深远，但在语言学以及语言教学发展的进程中，输入假说的局限性也引起了语言学界的激烈讨论。

第一，克拉申的可理解性输入源于第二语言习得研究。第二语言是在非课堂环境下的自然语言输入，换句话说，第二语言习得者除了课堂之外存在大量语言输入的机会，而外语学习主要发生在课堂，课堂教学几乎是大多数外语学习者唯一的目的语使用语境。如果输入假说主张通过扩大输入量来提高习得语言的效果，那么外语教学面对由于缺乏语言输入机会而导致的输入数量不足的困境时，难以运用输入理论指导外语教学实践，更难以平衡依靠人工语言信息增加语言知识的密度和依托自然语言信息增强语言实践的强度之间的数量和比例关系。

第二，克拉申的可理解性输入，即 i+1 是理想化的公式概念，现实教学中操作较为困难，一方面 i+1 中的 1 比较模糊，一线教师难以把握最佳输入量；不同的学习者个体差异很大，很难设计统一的最佳语言输入，教师也很难准确把握学生的实际语言水平。

第三,输入假说过分强调外部语言输入的作用。克拉申认为海量的信息输入是习得语言的必要条件,课堂是语言输入的主渠道,甚至是唯一的渠道,无论教师还是学习者,对课堂所能产出的神奇效果寄予无限厚望。起初是过分夸大教师在课堂中的作用,认为教师教得好就等于学生学得好,教师把时间和精力集中在提高自身语言素养和教学水平上,试图通过外语教学方法的变革改变外语学习现状。后来,大家逐渐明白"学生才是课堂真正的主体",或者说教师和课堂存在的理由就是让学生学得更好,课堂研究的重心转移到如何使学生成为课堂中心,即所谓的"学生中心"课堂模式的塑造,设法从教与学方式的共同变化去打造学生的主体地位。无论学生以何种角色、被告知服从何种分组方式参与课堂活动,都不一定是真正的"学生中心"课堂,有些可能是表面的、虚假的。学生的主体能动作用的核心在于如何发挥好主体的能动作用,而不是片面地认为成为主体就有能动作用,主体和能动作用并非必然的依存关系。能动性指对外界或内部的刺激或影响做出积极的、有选择的反应或回答。人的能动性是通过思维与实践的结合,自觉地、有目的地、有计划地反作用于客观世界。简言之,外语学习者的能动性表现在是否想学、是否愿学,以及是否由此生成不畏困难的意志。这种主观能动性更多来自学习者的内因,外部的刺激是否贴近学习者的注意范围、认知结构、信息加工能力、情感因素等内在因素是学习者主体能否生成能动作用的重要条件。因此,外语课堂教学输入的内容、手段、方式是从真正的教学对象出发进行设计,还是从教师假想的教学对象出发进行复制,这是外语教学工作者需要反省的教学现象。热闹的教学"表演(rehearsal)"和频繁的分组变换只是为学生主体贴上了标签,并没有唤醒学生的主观能动性。

第四,克拉申只强调输入,并没有提及输出。没有输出的学习是不完整的,也不可能存在。学习者通过技能训练,将语言知识转化为语言能力,输入活动与输出活动平衡开展,听、说、读、写技能同步发展,是外语教学的基本原则。在教学实践中,外语教学把输出语言的质量,作为判断学习者学习成效和调整外部输入方式的主要参照。如果没有学习者的语言输出行为,教师便没有办法判断学习者当前的语言水平,教学活动也无法正常开展。当然,克拉申并不是否认输出或不承认有输出,只是重点研究了输入行为,如果把输入的研究放在输入与输出的过程中进行研究,或者从输入与输出之间的互动关系出发研究输入,研究成果就更有说服力。

## 第二节 输出假说与互动假说

### 一、输出假说

(一)概念理解

输出假说是对克拉申输入假说的批评和补充。可理解性输出是语言习得不可或缺的关键环节,可理解性语言输入是语言习得的必要条件,但仅仅靠输入,学习者无法成功习得语言,还需要进行大量的语言输出练习,学习者通过意义协商(negotiating meaning),准确地传达、交换信息,并检视目的语语法结构、词汇,以及语言运用的准确性、得体性,不断提高语言表达的流畅性,促进语言运用的自动化,从而有效促进第二语言习得。

(二)输出假说的功能

可理解性输出有三大功能,分别是注意/触发功能(the noticing/triggering function)、假设检验功能(the hypothesis testing function)、元语言反思功能(the metalinguistic reflection function)。

### 1.注意/触发功能

注意/触发功能指语言输出活动能引起学习者对语言问题的注意,有意识关注语言输入中的语言形式和语言意义,发现自己的语言表达与目的语形式之间的差距,从而触发学习者认知加工语言信息的过程,生成新的语言知识,或修正、巩固原有的语言形式。

注意是学习者对语言信息进行有效加工的必要条件,也是将语言学习中的输入转化、吸收的必要条件和充分条件。学习者在进行语言输出时,既要注意语言的意义,还要注意语言的形式,增加对语言形式的关注,因为如果没有对语言形式进行有意识的关注,就不可能触发学习者对自己的语言进行分析,进而发现差距。

当学习者认识到自身语言不足时,他们会在之后的输入中更加集中注意力去关注相关的语言特征,加强对这些相关输入信息的处理,激活习得的内在认知过程,从而促进语言习得。显然,注意发生的条件是学习者要有意识地关注中介语形式与目的语形式之间的差距,只有这样才能激发对比、分析语言形式的动机,对外语学习者来说,这种动机的强弱程度、动机维持的时长、注意力的长度与质量是否与第二语言习得情形相同,外语学习者是否具备实现注意功能的目的语知识储备及相应的教学条件,刻意地注意语言形式是否会抑制可理解性输出的流畅性,等等,都需要进一步验证。

### 2.假设检验功能

语言具有假设检验功能,学习者在语言学习过程中会对目的语做出假设,根据交流中的反馈,不断检验语言形式的正确性并调整自己的语言输出。第二语言习得被认为是一个对目的语不断做出假设,并对此假设不断检验和修改的过程。输出则为学习者提供了尝试用各种方式表达自己的意图并能检验这些对目的语潜在的假设是否正确的机会。假设检验的前提是师生、生生,乃至学习者和本族语者之间的互动和反馈。根据输出假说,学习者以潜在的目的语知识为参照,对输出的语言进行重新编码并重构新的语言知识,由此,外语学习者潜在的目的语知识的来源、调整后的语言输出与第二语言习得的发展之间存在的关系，受到广大学者关注。研究发现，只有调整后的语言输出是正确的，语言知识真正被学习者吸收内化的时候，习得才能成功。

3.元语言反思功能

元语言指学习者所具有的关于语言的知识总和，主要来自母语习得系统和已有的目的语知识，对语言学习起着中介作用，能够促进学习者对语言知识的控制和内化。元语言反思功能是指学习者运用已经掌握的语言知识，思考自己和他人的语言形式、意义和功能，分析语言形式和结构的正确性。如果把汉语知识作为外语学习者元语言知识的组成部分，发挥其反思功能，以及汉语知识作为元语言知识能否产生积极反馈，仍需要进一步研究。

## 二、互动假说

### （一）概念理解

单纯强调输入或者输出都有一定的局限性，只有把输入和输出结合，才有可能揭示语言学习的整个过程。20世纪70年代，许多研究者发现，会话互动是获得可理解性输入的重要方式和获得语言输出的机会。将可理解性输入、调整后的输出以及会话的作用综合在一起，就形成了互动假说。将输入、互动、输出纳入互动假说，能够进一步更新、完善原有理论。互动能把输入、学习者内在能力、选择性注意和输入有机地联系起来，构成完整的学习过程。学习者经过互动，既进行意义协商，也进行形式上的反馈，并在交流过程中调整语言，然后在已有知识和"普遍语法"的作用下，理解吸收输入的语言，内化后才交流输出。

外语课堂中的交际互动可在两个层面上出现，其一指的是焦点注意力资源是如何在学习者认识中分配的，即学习者在交际互动中更加关注语言形式，通过停顿、思考等方式寻求最佳语言表达方式。所以，为了达到增加焦点注意力的效果，教师在选择互动话题时，应注重话题的知识性和趣味性，尽可能选择学生熟悉的生活化话题知识。其二是通过互动对学习者的话语提供反馈性行为。在交流中，教师有意识地给学生提供更多的暗示、纠正、参考和润色，适当安排互动进度，增加反馈的时间和学生语言输出的自信心。

## （二）外语课堂互动模式

一般来说，外语课堂互动主要发生在师生、生生之间，除了教师选择性地与学生进行有效交流互动外，还应创造更多的学生间的互动交流机会，形成"学习共同体"。实践证明，同伴间的互动更能消除交流焦虑，减轻心理压力，促进可理解性输入，增加语言输出的机会。由于同龄学习者之间容易出现无形的竞争意识，争强好胜的心理特征，同伴间的交流反馈有可能更能引起学习的注意力，激发学习动力，创造"比、学、赶、帮、超"的学习氛围。外语课堂上师生、生生之间互动的模式主要包括以下三种：

### 1.单向互动模式

单向互动模式主要指教师与学生之间的交流，教师完全操控互动的方式、进度安排及互动的话题内容，甚至连交流的语言形式也由教师确定，学生只是被动地应答教师的提问，很少有权利和机会自主选择交流的内容与方式。单向互动是典型的以教师为中心的课堂模式，教学方法以语法翻译法为主导，学生的主要课堂角色是听者、记录者，被动的学习者。单向互动模式的外语课堂教学被形象地喻为"填鸭式"或"满堂灌"，无视教学对象或者忽视学习者需求。教师是单向互动课堂唯一的权威、整个课堂的中心，所有教学活动都围绕教师开展，并营造出整齐、安静的课堂气氛。

### 2.双向互动模式

双向互动模式是师生之间有来有往的交流，学习者参与了课堂互动，但不是主动的参与者，既没有权利，也没有机会选择参与的方式、途径，教师仍然是整个互动活动的发起者、组织者，并有效控制课堂互动的节奏、输入和输出的数量。双向互动模式也是典型的"教师中心"课堂，仅限于教师与学生之间、学生与学生之间，实质性的互动交流开展得较少。

3. 多元互动模式

多元互动模式是师生、生生之间的多向交流互动，是典型的"学习者中心"课堂，教学方法以交际教学法（Communicative Approach）为主。学习者主动、自主参与了与教师、与同伴之间的交流，成为主动学习者（active-learners），学习者有权利选择完成交际任务的方式、手段，以及所需要的语言形式，并充分开展形式协商和意义协商，尝试建构新的意义、新的知识。多元互动模式下的课堂学习者，可以根据交际任务的需要，不断变换座位的摆放空间，学习者可以自由站立或移动交谈，不再拘泥于自己的座位。

## 第三节 情感过滤假说与外语教学

克拉申在深入研究的基础上发现，大量的可理解性输入并不等于学习者可以学好目的语，第二语言习得的过程还受许多情感因素的影响，语言输入必须通过情感过滤才有可能变成语言"吸收"（intake）。克拉申提出"情感过滤假说"（The Affective Filter Hypothesis），其核心在于学习者可以接受语言输入的程度受诸多情感因素的影响，而且这些情感因素相互影响，彼此传染。如果学习者学习动力不强，学习目标不明确，缺乏足够的自信心，学习焦虑感就会变得强烈。当学习者的"情感焦虑因素"越强，接受语言的效果相应就越差，学习者的"情感焦虑因素"越弱，接受语言输入的数量就越多。在克拉申看来，可理解的语言输入是语言习得的必要条件和促进因素，适度的情感过滤则是语言习得的充分条件之一。

20世纪80年代以前，外语教学研究的重心在于教师的教学改善，之后，逐渐回归本位，转移到学习者的学习研究，人们开始意识到一个优秀的教师教得再好，学习者也不一定就能学得好。教与学并不是简单的"1+1=2"关系，两者之间存在大量的不可控变量，相对来说，教师容易保持较强的稳定性，而学习者的情感因素是所有学习者内部和外部影响因素中最复杂、最不可测的变量。随着第二语言习得研究的深入，这些情感因素与外语学习之间关系的研究引发了外语教学研究者的广泛关注与研讨，出现了许多具有实证性的研究成果，但没有从根本上改变情感因素在外语教学实践领域的合理关切，没有引起一线教师的思想上的高度重视、实践上的躬身力行。主要表现在以下几方面：

第一，由于我国外语教学界长期存在的理论研究与实践教学分离的现象没有得到彻底改观，已经形成的研究成果被"束之高阁"，即使部分一线教师偶有接触，也很容易因为专业性过强而不求甚解，不了了之。因此，这部分一线教师没有从理论上认识到情感因素对外语教学的重要性。

第二，部分教师把学生在课堂和师长面前紧张忐忑的行为视为正常的表现，在乎长幼之分，辈分伦理，不在乎学生紧张不安背后的心理起伏变化。

第三，在快速发展的过程中，学生的身心成长受到影响，认知冲击应接不暇，学生来不及辨识，成长中的各种烦恼、矛盾、扭曲没有得到有效疏解和消解，积累了情感障碍。

第四，有一部分教师和家长，高估学生的自我情感释放能力，学生日积月累，不堪重负。

根据克拉申的情感过滤假说，影响语言习得的情感因素主要为动机、性格和情感状态。

# 一、动机

## （一）研究历史溯源

动机研究在国外开始较早，尤以经典动机模式最引人关注。20世纪90年代以后，出现了许多经典动机扩展模式，增加了许多新因素，动机研究与学校教育相结合成为新的研究焦点。我国外语学习动机研究起步较晚，20世纪80年代初，主要以介绍和讨论国外相关动机理论的思辨性研究为主，20世纪90年代以后，验证国外第二语言学习动机理论的研究增多，研究方法由过去单视角的动机结构确认和讨论逐渐转向多视角实证研究，许多学者开展了大量的相关性研究，探索了动机、学习成绩和其他影响成绩的因素之间的关系。

## （二）动机的概念

关于动机概念的界定与分类众说纷纭，早期的研究主张态度体现了个体对客观事物的认识，认为动机属于静态的心理表征。随着研究的深入，更多的研究者认为，动机是学习者受到所接触到的内部和外部因素的影响而持续发展变化的动态过程。这种观点的解释相对更合理，因为动机即便被视为态度，也表达了个体的主观性，受个体内因与外因的影响非常大，不可能恒定不变，动机程度的强弱一定是发展变化的。

学术界普遍认同的动机特征主要包括以下几点：

第一，动机是目标或需要（targets or needs）。

第二，动机是实现该目标的愿望（desires）。

第三，动机是对第二语言学习能达到目标的基本识别或认同（recognitions）。

第四，动机是对第二语言学习成败的信念（beliefs）。

第五，动机是对潜在结果或奖赏所产生的价值观念（values and notions）。

上述这些特征基本反映了动机的概念内涵。

## （三）影响动机的因素

动机概念的界定基本囊括了动机生成的条件、原因及动机形成过程中主要的内隐性影响因子，目标或需要是激发动机发生的原动力，目标明确、有内在需要的学习者动机越强，其动机维持的时间越长，受外部干扰的可能性越小。如果学习者没有实现目标的强烈愿望，其克服困难的意志和决心就会被不断抑制，进而感到挫败甚至绝望，出现零动机乃至负动机。学习者对语言的基本认识直接影响他对语言学习的态度，对外语缺乏好感，甚至厌恶外语的学习者很难生成学好外语的动机。信念、价值观念既是心理活动的外在表现，也是个体对事物的哲学层面的认知。心理学研究表明，一个人对成功的心理暗示越强，越能经受挫折，动机维持就越耐久，走向成功的可能性越大。价值观反映人们的认知和需求状况，是人们对客观世界及行为结果的评价和看法，对动机有显性的导向作用，个体行为的动机受价值观的支配和制约，价值观对动机模式有重要影响，在同样的客观条件下，具有不同价值观的人，其动机模式不同，产生的行为也不相同。因此，动机既是激发、维持、完成外语学习的重要条件，也是影响语言教学最重要的情感因素。

## （四）动机的分类

动机的分类大致包括以下四种情形：

### 1.工具性动机与融入性动机

工具性动机（instrumental motivation）与融入性动机（integrative motivation）是经典动机分类，被广泛采纳。工具性动机是指把学习外语作为达到某种目的或实现某种目标的工具，如考试、求职、升职等。融入性动机主要指为了了解和融入目的语文化，或者出于兴趣而产生的学习需要。例如，喜欢学习外语的人往往更具有融入性动机。

### 2.内在动机和外在动机

内在动机（internal motivation）和外在动机（external motivation）是按照

动机的内外维度、喜好的程度进行分类的。内在动机又被称为内部动机,是指源于学习者内在兴趣的可持续的动机。外在动机又被称为外部动机,是外力作用的结果。如果动机强度弱,则稳定性变差。如果仅粗略地分析,那么融入性动机就是内在动机,工具型动机就是外在动机。

有的学者还把动机分为深层动机与表层动机、正动机(兴趣)与反动机(厌恶)等,其分类的标准与内涵大体相当于内在动机与外在动机。

### 3.整体性动机、情境动机与任务型动机

从宏观、中观、微观层面区分动机,可分为以下三种外语学习动机类型:

第一,整体性动机,指学习者对语言学习的一般态度。

第二,情境动机,指学习者对语言学习环境的感知、判断。

第三,任务型动机,指学习者在完成具体活动任务中产生的动机。动机强度与任务难度相关,任务越难,可能动机越低,反之亦然。

有的学者从学习的结果视角提出结果性动机概念,如果学习者乐于学习,并能感受到学习的成效,那么其结果性动机就越大;还有的学者把结果性动机称为成就性动机,学习成效越显著,越能获得成就感,动机强度就越大。在此,需要强调的是:成就性动机不等于成绩动机。实践发现,有些学习者成绩动机越高,努力程度反而越低。因此,单纯把考试成绩作为激发学生英语学习积极性的做法并不妥当。

### 4.其他分类

有的学者结合外语学习的实际情况,把动机分得更细。例如,中国大学生英语学习动机可包括内在兴趣、成绩、出国、学习情境、社会责任、个人发展和信息媒介等类型,显然把语言的工具性属性和学习者的目的作为出发点。

## (五)外语学习动机研究

把动机与教育学视角结合起来,开展相关性研究,探讨动机的教育学意义,并揭示动机与语言学习的关联性,是动机研究的主要方向,也是发现、解释情

感因素如何影响外语学习过程的有价值的研究成果。

　　大量的实证研究表明，融入性动机、内在动机、正动机和深层动机比工具性动机、外在动机、反动机和表层动机对语言学习更有效，这些研究结果也反衬了实践中的事实和普遍共识。常言道："兴趣是最好的老师。"出于兴趣和爱好而产生的外语学习动机，在原则上要比出于外力强迫而形成的动机水平更高、更持久。总体来说，我国学生外语学习动机以工具型或证书型为主。这样的研究结果在情理之中，我国大多数的外语学习者学习外语的目的，就是把外语作为升职、求职和个人发展的工具，真正出于爱好而学的人可能并不多。另外，外语是我国国民教育体系中的必修课程，通过考试获得证书是学习者的首要目的。

　　针对中国外语学习者的动机研究，有的学者发现了不同的情况，如工具型动机或者证书型动机都有助于外语学习，有的学者甚至发现工具型动机比融入型动机更利于外语学习。与共识性研究结果相冲突的研究，可能与国内应试性教育体制有关，现实生活中，有的学生出于"只有通过考试，才能改变人生命运"的信念，会竭尽所能把考试带来的压力逐渐转化为学习的动力并将动机水平持续稳定在较高水平，用考试压力所焕发的强大内驱力克服外语学习的重重困难。工具型动机和融入型动机也有可能发生在同一个外语学习者身上，有时候学习外语是"不得已"，有时候的确对某个特定的外语或外语文化感兴趣。

　　外语教师需要采取各种措施，从特定的教学情境、教学手段、教学方式、任务活动等微观层面激发学生的学习愿望，累积学习动机，维持动机水平，充分利用工具型动机培养融入型动机，把动机关注延伸到家庭和社会，整合教学生态对动机的调节作用，提高学习者总体动机水平。一般来说，努力程度与动机强度正相关，动机强度与外语水平正相关，学习者动机越强，学习越努力，通过考试的可能性越大，成绩越好。学习者学习外语的态度和学习成绩之间的相关程度高于其他学科，动机与自主学习能力也呈正相关，学习能力越强的人越能发现有效的学习方法，学习成效越好，成就动机就越强。

## 二、性格

### （一）性格的含义及分类

心理学上把性格界定为思想、情绪、价值观、信念、感知、行为与态度的总称，是个体独有的、能够与其他个体区别开来的整体特性，具有一定倾向性。性格是在后天社会环境中逐渐形成的，同时也受到个体的生物学因素的影响，先天因素和后天因素共同作用，影响个体性格。性格表现了人们对现实和周围世界的态度，以及所采取的言行（如诚实或虚伪、谦逊或骄傲等）、意志特征（如勇敢或怯懦、果断或优柔寡断等）、情绪特征（如热情或冷漠、开朗或抑郁等）和理智特征（如思维敏捷、深刻、逻辑性强，或思维迟缓、浅薄、缺少逻辑性等）。

从心理机能上划分，性格可分为理智型、情感型和意志型。从心理活动倾向性上划分，性格可分为内倾型和外倾型。从个体独立性上划分，性格分为独立型、顺从型、反抗型，等等。

外向型性格也被称为外倾型性格，外向的人相对乐观、开朗、热情、自信、包容、易兴奋、善于交际、容易变通；内向型性格也被称为内倾型性格，内向的人相对保守、冷静、敏感、胆怯、羞涩、坚持、内省、喜欢独处、容易不安。外向型性格主动积极，反应速度较快，对事物的看法带有概括性，有明显情绪反应；内向型性格相对较为被动，但更加细致，善于分析，感受的精确性较高，对事物的看法带有解释性，情绪反应较隐蔽。外向的人善于通过提问学习，思维比较发散且富有弹性；内向的人善于独立思考，思维比较集中，具有方向性。外向型人行动力较强，做事速度较快，能够看到事物乐观的一面，具有积极性，善于接受外在刺激；内向型人分析力较强，做事效率较高，能够看到事物消极的一面，具有批判性，善于创造内在刺激。

性格是十分复杂的连续体，外向与内向是性格连续体的两端，而且这两种性格倾向往往交织互叠，很难准确区分，没有绝对的外向型，也没有绝对的内向型，外向与内向只是相对的描述性特征。性格与环境、交际对象有很强的关联性，同一个人在不同的场合会有不同的性格特征，即所谓的"双重性格"。例如，内向的人对环境的敏感度高，在熟悉的环境与熟悉的人交流时，会感到异常轻松，自我封闭和自我保护意识弱，交流的主动性强，而在陌生的环境，尤其是公众场合会表现出强烈的交际焦虑症状，保持缄默。由于性格的形成主要受后天成长环境的影响，具有可变性和不稳定性，年龄、心智的变化，以及社会经验阅历都会直接导致性格的变化。

## （二）性格与外语学习

性格作为学习者重要的心理素质及外显的行为倾向，是影响语言学习的重要情感因素，也是最具代表性的个体差异因素。早期的性格研究主要从个体最典型的内在特点概括出性格特征，许多研究者希望从教育学的角度来揭示性格与学习的关系并进行了大量研究。例如，由于小学阶段的教学环境轻松活跃，小学阶段性格外向的学生普遍比性格内向的学生成绩好，但在大学阶段，学术气氛浓厚，在很大程度上，学生的学习需要由自己安排。因此，可能性格内向的学生比性格外向的学生更容易取得好成绩。国内学者研究发现，外向的学生外语听、说水平较高，内向的学生读、写能力较强，在平均分数上，内向的学生高于外向学生。

在大量个案研究的基础上，不难发现，成功的语言学习者（successful language learners）具备自尊、外向、焦虑、敏感、冒险、深入、约束、宽容等主要性格特征，往往乐于交流、勇于冒险、敢于犯错。勇于冒险的学习者更加注重学习的过程，渴望随时随地交流学习，善于抓住一切机会，主动与教师、同伴交流切磋，与本族语者交流练习语言，即使交流存在困难，甚至语言错误较多，也不会影响其面对面学习的愿望与热情。而且，勇于冒险的学习者善于发现问题，能在交流中自觉对比、纠正自己的表达方式，并喜欢通过提问消除学习中的困惑，寻找解决问题的最佳方案，在提高语言能力的同时，提高了人际交往能力。相比之下，他们对学习结果并不是非常在意，对交流场合和交流对象也没有特定的选择性。性格虽然与第二语言习得没有直接的关系,但对语言学习能否成功影响很大。性格与书面表达技能关联不大,但对会话技能的形成有正向的促进作用,外向型的学习者喜欢交际,而且健谈,其交流策略与技巧、口语表达能力,以及语言的流畅性与内向型学习者不同。

性格的测量是一件比较困难的事情,由于被测试者对测量本身的消极甚至抵触态度,选项的真实性往往难以保证,而且性格内向的人容易隐蔽自己的情绪反应,测量结果不一定准确。所以,性格研究是在个体情感差异因素研究中成果最少的。

尽管如此,性格对外语学习的过滤作用是有目共睹的,性格是外语教师需要格外关注的情感因素。一般而言,害羞的学习者的性格成分中,内倾特征比例较大,内向型性格倾向比较明显,长期的害羞或更为严重的羞怯会强化内倾性格,成为外语学习的性格障碍。内向型学习者对他人的看法和环境十分敏感,需要鼓励性和支持性的课堂缓解学习压力,平和课堂焦虑的强度,为他们创造参与和尝试冒险的可能性。教师的鼓励性评价反馈对内向学习者有强烈的心理暗示作用和正向促进作用,也可能逐渐改变他们的性格。相反,如果他们被教师当众斥责辱骂,学习的主动性、积极性和能动性会遭受严重抑制,甚至会导致人格障碍,发生"课堂冲突"的尴尬局面,更有甚者,酿成人格缺陷,走向极端。

对外向型的学习者而言,除了维护他们学习的积极性和能动性,多创造学业表现的机会和舞台之外,教师还要巧妙地提醒他们注意语言的准确性,刻意培养他们的内省式思维能力、批判性思维和创新思维能力,防止其语言水平停滞不前,甚至产生倒退现象。性格中的情感稳定性是自我动机(self-motivation)形成的重要因素,稳定的情感有利于动机维持,教师是学生情感的稳定器,教师的人格魅力、职业认可度、职业胜任力、师德修养、教学风格、教学方式等,都是影响学生情感形成的重要变量,通过教师、社会、家庭等外力形成的动机,在很大程度上能促进学生形成自己的内在动机,有利于调节、维持学生的总体动机水平。

## 三、其他情感因素

英语具有工具性和人文性双重属性,把情感态度视为培养学生综合语言运用能力的基本维度之一,无疑反映了从"只关注语言"走向"重视使用语言的人的全面发展"的正确价值取向,教育的功能是体现人的价值、促进人的全面发展。人类语言的重要功能之一是促进人际交往,人际交往一定涉及人的情感态度,语言是人类表达情感、沟通情感、解决情感问题的主要工具,在改善人际关系,增进交流、交融方面有着不可替代的关键性作用。因此,英语作为世界性语言,在发展学生的情感态度方面承载特殊的功能,应该发挥特殊的作用。

情感态度直接或间接影响语言学习的过程与结果。近些年的研究结果表明,解决学习者情感问题有助于提高他们的语言学习效果。消极情感如焦虑、害怕、羞涩、紧张、愤怒、沮丧、怀疑、厌恶等,会影响学习潜力的正常发挥,积极情感如自尊、自信、移情、动机、愉快、惊喜等,能创造有利于学习的心理状态。《义务教育英语课程标准(2011年)》中,已经列出包括兴趣、动机、自信、意志和合作精神等影响学生学习过程和学习结果的相关情感因素,这些情感因素都是教学过程中应该培养的积极的情感态度。

### (一)焦虑

焦虑(anxiety)可能是语言学习中最大的情感障碍,也是第二语言学习研究中讨论较多的个体差异因素之一。产生焦虑的原因有很多,一般情况下,焦虑与学习者过去的学习经历,特别是受到情感伤害的经历,以及周围人的态度有关。焦虑会导致紧张、害怕、敏感等情绪反应,这些反应会浪费学习精力、分散学习的注意力,降低思考和记忆的数量和质量,语言信息储存、加工、内化、输出效果也会因此而降低,以致加剧焦虑的恶性循环。有的外语学习者"好面子""怕丢脸",不敢张口、不想表达,他们担心、害怕由于犯错而招致批评,进而损害面子,甚至被他人瞧不起。相对而言,内向的人对他人的看法比外向的人更敏感，所以内向的人通常对面子的保全更看重。研究发现，低焦虑、高自信可以增强动机，焦虑程度低、自信心高的学生，其学习能力也明显高于焦虑程度高的学生。可见，焦虑对语言学习的重大影响。

焦虑是可以被克服或缓解的情感因素，轻松愉悦的课堂氛围、和谐融洽的师生关系、贴近学生认知的教学设计、幽默风趣的教师、形象生动的教学方式，等等，都是降低学生焦虑程度的有效方式，若将几种方式叠加运用，效果会更显著。加强学习策略指导，帮助学生寻找适合自己的学习方法，培养学生良好的自主学习能力，也能很好地反哺学生的自信心，增强学生的成就动机，并减少焦虑。

研究证明，过低的焦虑水平使学习者不能排除教学情境中无关因素的干扰，学习者在语言信息检索时缓慢、准确率不高，容易导致学习者意志消沉，难以激发学习的热情和责任心。相反，过高的焦虑水平使学习者注意力变得狭窄，注意的转移力降低，无法检索重要语言信息，容易导致学习者紧张慌乱、思维混乱、行为失常，极大束缚其认知能力，使其学习力下降。缺乏焦虑的学生容易产生"无所谓"的学习态度，学习效率低，注意力不集中，对批评与惩罚不以为意。

考试焦虑是焦虑常见的类型，常指学习者担心考不好而产生的心理压力，过度的考试焦虑影响学习者的正常发挥，容易出现低级错误，但缺乏考试焦虑也会涣散学习者的注意力，短时间内不能集中精力答题，尤其对难度较大的问题思维缓慢，记忆的复现程度下降。适度的焦虑对学习成绩有促进作用，有助于注意力和自我调节意识的形成，有助于聚焦学习重点，维持动机强度。

语言交际互动中同样存在焦虑现象，典型的交际焦虑表现为交流恐惧症，其典型的行为模式是遇事回避或退缩，因焦虑而故意回避交际行为或者缄默不言，被动参与互动。课堂中有交流恐惧症的学生往往胆小羞怯、心慌脸红、犹豫拘谨。多次情感受挫后，会产生心理障碍，形成过度焦虑，主要表现出长时间无语，表达断断续续、支支吾吾，停顿、重复，口头禅增多，长时间发不出或发错某些语音，发音器官变形，语法错误多，词不达意，语义不连贯、不完整等行为。焦虑产生的重要原因之一，是个体过分在意周围人的看法与态度，即负评价恐惧症。具有负评价恐惧症的人往往有意识回避或悄然离开交际场合，与人交流时通常不会主动发起话题，也不会主动参与话轮转换，只是被动应答，而且眼神目光游移、飘忽躲闪，不敢正视对方，笑容勉强而尴尬，害怕突然被提问，担心一旦出错，会遭到他人嘲笑。

因此，课堂教学中，教师要多使用鼓励性评价，即使是批评，也尽量用"一对一"的方式，不要当众批评学生，动之以情，晓之以理，绝不可讽刺、挖苦、嘲笑，或者用敷衍、不耐烦的态度对待学生的语言错误，要充分保护学生的自尊心和自信心。既要给予学生一定的压力，保持适度焦虑状态，也要用积极的情感支持并创造良好的课堂学习环境，降低课堂焦虑程度，使学生充分释放并发挥各自的优势潜能。

焦虑与个体的性格特征、环境所施加的压力，以及个体能够克服压力的能力密切相关，因人而异，因地而异，内向的人比外向的人更容易产生焦虑，威胁压抑的交际环境比宽松和谐的交际环境更容易令人感到焦虑。然而，焦虑的强度与外在的行为表现并不一定呈线性关系，有的人内心焦虑但外表冷静镇定，有的人会把焦虑、紧张外化于表情和外显的行为，如笑容僵硬、四肢发抖、嘴唇紧闭、语无伦次等。某种程度上，具有这种特征的学习者更易于被教师观察发现并及时采取相应的补偿措施，改善焦虑。

（二）抑制

抑制（inhibition）是大脑皮质的基本神经过程之一，是与兴奋对立的心理状态，人时刻都有兴奋与抑制交替转换的活动，兴奋和抑制可相互诱导。儿童在成长过程中会有意树立把自己与他人区别开来的意识，形成自我形象（self-image），并不断完善自己的独立人格、自尊，通过回避对可能给自我带来威胁、伤害的言行进行自我保护，这种为了保护自己而采取的回避、退缩行为就是抑制。抑制是一种自发的有意识行为，抑制水平越高的人，对自我形象的保护意识越强烈，越在乎外界的评价，批评、嘲笑等负面的态度对他们的打击就越大，抑制的程度也会越高。

外语学习是不断尝试错误的过程，犯错是学得外语必然经历的阶段。对于自我形象脆弱的学生而言，他们害怕因犯错而受到批评和嘲笑，伤害他们的形象和自尊，自我保护的意识愈发强烈，甚至会幻想生活在一个没人的"伊甸园"，或者拥有像刺猬一样的防御本领。因此，他们往往选择躲避，不参与课堂活动，不发言，甚至主动游离于教师的教学之外，选择自学，以此避免受到更多的伤害。越害怕犯错，越容易犯错，这是外语课堂教学中常见的抑制行为。有些教师试图通过有意安排自我形象脆弱的学生与其他学生同组练习，或者用多提问的方式改变这类学生的心理和行为表现，这是过于简单的做法，因为在没有解除他们的心理负担之前，任何教学行为都不一定能发挥作用，甚至适得其反，使他们的防御心理越强。打开有抑制倾向学生的心结，了解产生抑制的原因，在相对宽松的、兴奋的状态下为他们提供没有威胁的交流机会，逐渐消除他们的自我保护意识，帮助他们重拾学习的自信心，是更可取的办法。用爱心开导，有时比讲道理更容易唤醒灵魂，预设和反思每个教学行为背后的教育学和心理学意义，是教育能够培育学生积极健康的情感态度的科学方法。

有的人经常错误地把抑制与性格内向联系起来。实际上，性格外向的学生有可能更需要得到外界的承认来维护自我和自尊，而性格内向的学生可以从自身内部寻求支持，他们往往有比较强的毅力和同情心。因此，性格内向的学生并不一定抑制程度高。"面向全体学生，注重个体差异"是基础英语课程改革的核心理念，这里的"个体差异"更多地指学习者情感因素的差异性。情感因素与外语学习息息相关，渗透在外语学习的方方面面，同时对外语学习者健全人格的塑造至关重要，注重学习者的积极情感养成是教育的意义和使命。

# 第四章 高校外语教学模式构建方向

## 第一节 结构和认知取向的外语教学模式

结构和认知取向的外语教育模式是分别依据结构主义语言学和认知心理学构建的。结构主义语言学认为，语言的结构是内部各个层次有意义的对立体系。掌握语言就是掌握语音、语法、词汇的各种有意义的对立体系，比如语音中的开、闭音节与长、短元音，语法中的过去、现在、将来时态。所以，掌握语言的过程中充满了对比活动。同时，由于不同语言的对立体系并不相同，对学生而言，要明确所学外语中有哪些对立体系是比较困难的，因此必须与本族语言进行对比。这类教育模式具有理性主义教学观点，重视语言知识，利用学生的本族语言特征。认知心理学和认知语言学都认为，语言能力是个体一般认知能力的一部分。认知教学法提倡在教学过程中发挥学生的智力作用，重视对语言规则的理解，容易忽视语言学习中的情感因素。较为典型的教育模式有直接法、听说法、翻译法和认知法等。

### 一、直接法

直接法诞生于 19 世纪末、20 世纪初，欧洲和北美等地加速了工业化的进程，国际交往日益频繁，各国对外语人才的需求量迅速增长。人们发现外语人才的口头表达能力特别重要，而语法翻译法不甚注重学生的口语能力培养，因此，在语言学领域内出现了改革运动，改革派强调口语和语音训练的重要性，推动了外语教学改革。直接法由法国人古因（Guinn）提出，后由其弟子在美国倡导，并由教育家伯利兹（Berlet）在教学中实施。有了他们的推广，直接法在 20 世纪初流传范围颇广。

直接法的许多教学理念是与语法翻译法相对的：直接法重视口语训练，用演绎法传授语法规则，采用母语解释难点；语法翻译法重视阅读和写作能力的培养，用归纳法传授语法规则，在课堂上减少使用母语的频率。另外，直接法关注语言的句法结构，即以句型作为教学的基本单位，并且以模仿为主要手段，基于这两个原则，可以说直接法是以语言的结构为基础的。

## 二、听说法

听说法被认为是结构取向的教学模式之一，它比直接法更成熟。无论是理论基础、体系，还是方式方法，听说法都比直接法更系统、更全面，内涵也更丰富。

听说法继承了直接法的四个特点，分别是"口语第一，听说领先""变换操练""严格控制，养成语言习惯"，以及"限制使用本族语言，在课堂教学中运用目的语"。听说法本身的创新点体现在两方面，一方面是以句型为教材和操练的核心，另一方面是用对比作为类推所学外语和回避学习难点的基本方法。

听说法的发展促进了布隆菲尔德教学法的不断完善，使之逐渐演化成为相对规范的五段教学，即认知—模仿—重复—变换—选择。"认知"环节指用耳朵听取所学句型并领会其中含义，一般采用与目的语相同或不同的语言进行对比，使学生从对比中了解新句型或话语。"模仿"环节包括跟读、齐读、抽读、纠错、改正等。"重复"环节包括让学生重复材料、带领学生做各种记忆性练习等，同时教师要及时检查，当确定学生已能正确理解所学句型之后，才能进行下一阶段的教学。"变换"环节应按替换、转换、扩展的顺序逐渐加大难度，同时要注意学生的理解情况。"选择"环节指在实际交际和模拟情境中对所学语言材料进行活用。

早期的听说法注重机械操练。20世纪60年代以后，机械操练受到了学界的批评，一些应用语言学家开始改进听说法，使操练朝着有意义和有利于实际交际的方向发展。其中最具代表性的是C.B.波尔斯顿提出的"MMC"法，第一个M指机械操练（mechanical drills），第二个M指有意义操练（meaningful exercise），C指交际性活动（communicative activities），这三个步骤是递进式的，先进行机械操练，然后进行有意义的练习，要求教师提出一些结合学生生活的情境，让学生在规定的情境中做语言操练，在交际活动中，可要求学生在交谈中尽量用所学的语言结构等。

## 三、翻译法

翻译法的形成、发展与语言认知有直接关系，它起源于欧洲中世纪，发展时间较长，所产生的影响较为深远。下面以翻译法中最有影响的语法翻译法为例，进行简单分析。

19世纪盛行的比较语言学为语法翻译法提供了理论基础，即通过翻译的手段，比较母语与外语在语音、词汇和语法方面的异同，达到掌握外语、欣赏外国文学作品的目的。张正东等研究人员把语法翻译法的发展分为三个阶段：第一阶段为18世纪上半叶，具体教学方法是将外语译成本族语言，内容偏重机械背诵语法规则，教学目的是用外语服务和表达；第二阶段是18世纪下半叶至19世纪末，以将本族语言翻译成外语为主要方法，教学目的是用外语表达本族语言的内容；第三阶段是20世纪至今，翻译法在教学方法上吸收了许多其他学派的方式方法，但是其核心教学思想，如重视系统语法的教学、依靠本族语言进行翻译、侧重语言形式等都没有改变。

语法翻译法主要有以下几项教学原则：

第一，关注语言知识的学习。

第二，采取单向传授式教学法。

第三，重视读写能力的培养。

第四，依靠母语进行教学。

语言知识包括语音、词汇、语法等，在传授语言知识时，教师常常运用母语，利用对比法和演绎法等，讲解和分析句子成分、同义词和反义词之间的差异，以及语音、词汇和语法规则。通常在这一过程中，教师的讲解比较容易成为课堂唯一的教学活动，学生的学习可能会陷入被动的境地。

20世纪90年代之前，我国的外语课堂教学基本都采用语法翻译法，传授外语知识是课堂的主要活动。随着1993年人民教育出版社和英国朗文出版集团合作编写的教材的全面推广，我国外语教学开始关注学生口语交际能力的培养。到21世纪初，新课程标准实施，外语教学的目标进一步提高，培养学生的语言综合运用能力成为教学的最终目的。新的教学理念日益深入人心，学生的语言运用能力，尤其是口语水平得到了前所未有的提高。

## 四、认知法

### （一）认知法概述

认知法是在语法翻译法的基础上形成和发展起来的，以转换生成语法为理论基础。该理论认为，语言的深层结构体现语言能力的特点，表层结构表现语言行为的特点，人通过习得深层结构而获得语言能力，有了语言能力就能生成语言行为，进而运用话语。认知法的倡导者主张，学习外语应先掌握以句子结构为重点的语言知识，要理解所学内容，理解、信息加工和逻辑记忆对于学会外语极为重要。在理解的基础上，再让学生在生活实际和交际情境中进行操练，在操练中发展逻辑记忆能力。美国心理学家J.B.卡鲁尔称认知法为经过改造的现代语法翻译法，而我国英语教学专家左焕琪认为认知法重视语法，必要时用母语进行教学，要求进行有意义的练习而不是大量使用演绎法。

认知法被认为是当代外语教学法，它的一些教学原则已被当代各个学派所接受，如学生中心原则、容忍错误的原则、视听兼用的原则、情境原则等。认知法的教学过程可概括为"理解句子结构和所学内容—形成语言能力—运用语法"三大阶段。

## （二）认知法教学案例（45分钟）

### 1.讲授新词（7分钟）

教师在黑板上挂一幅画，内有男孩、女孩各两名，每人在进行一种活动。学生运用已有的语言知识谈论这幅画。当学生使用与新词接近的词时，教师引出需要学生学习的新词。当学生提到动词时，教师引出动词现在分词的形式与意义。在理解的基础上，学生跟随教师朗读新词。了解新词意义后，教师要求学生根据图画内容，尽量运用所学单词讲故事。学生讲完后，教师再讲课文。

### 2.讲解语法（8分钟）

要求学生根据教师已使用的动词现在分词，对该语法现象的形式与意义进行小结，然后由教师进行总结。应注意的是，此时应适当使用本族语言解释难点。

### 3.语法练习（10分钟）

引导学生由近及远地谈论现在正在做的事情，如教室里发生的事、学生家庭中发生的事，最后回到图画，鼓励学生创造性地使用目的语，谈论图画中四个孩子的活动。教师在学生用到现在进行时这一时态的时候，加以重复和强调。

### 4.传授新课（15分钟）

学生打开课本，进行小组活动，讨论课文内容与意义，然后根据课文互相提问。小组讨论结束后，教师先要求学生提出一些不能在小组内解决的问题，全班就这些问题进行讨论后，教师总结并给出问题的正确答案。

5.巩固课文（4分钟）

听两遍录音，让学生的注意力回到课文当中，教师就课文内容进行提问。

6.布置作业（1分钟）

学生听课文录音，改进语音语调；拼写单词并完成书面练习。

## 第二节 功能取向的外语教学模式

有学者认为，功能派与结构派最大的差异在于前者更加关注语言使用者的社会环境因素，在语言研究方面体现这些改变的是语义学、社会语言学、交际学及语用学的诞生。把交际视为教学内容本身的功能派持有两种不同观点：一种是分析性的，被称为"功能分析"；另一种是整体性的和非分析性的，被称为"功能大纲"。近年来，功能分析已经对语言大纲的制定、教材的开发、教学方法的选用等方面都产生了影响。

从20世纪60年代开始，语言学研究的重点逐渐由语言形式、句法关系转向语言使用、语义和语言的社会功能。社会语言学对语言教学，甚至整个语言学界所做的重大贡献之一，就是提出了交际能力的概念。20世纪70年代，社会语言学家D.H.海姆斯（D.H.Hymes，以下简称"海姆斯"）指出，离开了使用语言的准则，语法规则是毫无意义的。他认为交际能力是由语法、心理、社会文化、实际运用语言等互相作用的结果。20世纪80年代，加拿大的M.卡内尔（M.Canale，以下简称"卡内尔"）与M.斯温（M.Swain）系统地总结了关于交际教学法理论的研究成果，并提出交际能力应由以下三方面能力构成：

第一，掌握语法，包括词汇、词法、句法、词义与语音等方面的知识。

第二，掌握语言的社会功能，指使用语言的社会文化规则与语篇规则。

第三，掌握使用策略，即为使交际顺利进行而采取的语言与非语言交际策略，后经不断充实，已具体到如何开始对话、维持对话、要求重复、澄清事实、打断对方、结束对话等。

此后，卡内尔对交际能力的构成框架进行简单调整，把语篇能力从掌握语言的社会功能中分离出来，构成了第四方面的能力，同时拓宽了使用策略的能力，包括为提高交际有效性做出的所有努力。功能取向的外语教育模式的诞生与当时的哲学、语言学、心理学、人类学和社会学发展息息相关。以"语言的社会交际功能是最本质的功能"为核心思想的社会语言学的诞生，为该模式提供了理论基础。

交际法兴起于20世纪70年代的欧洲，是典型的以语言的功能项目为纲要的一种教学方法。但实际上，交际法不是一般意义上的教育模式，它已形成了一场国际性的交际运动，并出现了多元化的局面。交际教学是一个多种理论相结合的联合体，至今没有一种最准确的定义能对其内涵做出具体界定。总体上，胡春洞教授认为交际法有以下两个基本观点：

第一，外语学习者都有其特定的对外语的需要。

第二，语言是表情达意的体系，而不是生成句子的体系，社会交际能力是语言的主要功能。

因此，交际法的教学目的在于培养学生在特定的社会环境中使用外语进行交际的能力。为了提高学生的交际能力，交际法教学可以从以下三方面展开：

第一方面，分析学生对外语的需要。

在制定教学大纲时，应当分析学生对外语的需要。通过分析学生的需要，能了解学生应当掌握何种语言功能、文体和语言形式，并以此制定出相应的教学大纲。由于交际法重视学生需要，"需要分析"已逐渐成为一个独立的研究课题。

第二方面，以意念（功能）为纲。

交际法认为以语法或情境为线索组织教学内容，会忽视学生的个性化需要，难以培养其交际能力。交际法在形成之初，主张以学生所要表达的内容（即意念）为线索。这种通过语言使用者使用语言来实现交际功能的意念大纲，也被称为功能大纲。在实践中，交际法具体的教学大纲正是以语言的交际功能为线索组织教学内容的大纲。以意念（功能）为纲的思想是交际法的核心思想。

第三方面，教学过程交际化。

大纲的制定和教材的编写不能构成一个完整的教学体系的全部内容，学生交际能力的培养必须在课堂教学中实现，教学过程的交际化也是交际法的一个重要组成部分，具体体现在以下几个方面：

第一，以话语为教学的基本单位，语言材料的选择力求真实和自然。

第二，以学生为中心，教师是活动的组织者，学生在各种活动中学习外语。

第三，教学活动以内容为中心，大量使用信息转换、模拟情境、角色扮演等活动形式。

第四，对学生正在表达时出现的语言错误采取宽容的态度，不以频繁的纠错打断学生连续的语言表达。

交际法教学的三个方面表明交际法以学生的需求为教学的出发点，学生的需求是制定教学大纲的依据。运用交际法时，材料应尽量保证真实，在条件允许的情况下，可以把目的语人士带进课堂或进入目的语环境，也可以引入外文书籍、报刊节选文章，电影、电视剧和电视台报道片段等，鼓励学生在实际生活中使用目的语；若学生出现的错误是学习过程中的自然现象，则无须指责。

要在语言课堂上开展标准的交际活动，必须具备四个条件：

第一，与目的语人士接触。

第二，有机会融入目的语环境。

第三，创造真实使用语言的机会。

第四，需要学习者个体参与。

在我国现阶段的教学实践中，实现这些条件存在一定的难度。尽管在一些比较发达的地区，目的语人士可以进入课堂，也有项目支持学生融入目的语环境，但在日常外语教学中，更多的是利用以下活动来优化课堂教学：

第一，充分利用语言课堂的教学行为。

第二，讨论话题尽可能源自学生的个人生活或至少与之相关联。

第三，尽可能多地挑选对学生有教育意义和有利于学生职业发展的话题。

第四，设置交际课堂练习，如设置小型活动让学生练习并熟悉目的语的一些表述特征。

交际课堂教学的具体教学方法十分多样，其基本精神是开展师生之间、生生之间有意义的对话或讨论，也称"语言意义的谈判"。课堂上经常采取两人搭档进行对话，4~6人为一组的小组活动和全班讨论等形式。交际法教学虽然提出在使用语言过程中学会语言的用法，但是它并不排斥有关语言形式的教学。

王才仁教授参照国外一些常用的模式，并在此基础上，提出了一个可在我国推行的外语教学综合模式——外语教学交际模式。该模式认为教学的实质是交际，而交际是通过活动得以体现的。例如，教学中学生的主体作用是通过活动来体现的，外语物质操作和观念操作的二重性是通过活动体现的，信息的输入和输出是通过活动实现的。因此，活动是更新教学观念、开创外语教学新局面的一个重要支撑点。另外，该模式把我国的外语教学目标定在培养学生的交际能力上，强调运用外语时要遵循四个原则：意义性、功能性、得体性和移情性。意义性和功能性是两个容易理解的原则，得体性原则指的是每一句话要根据不同的对象、场合和时机，选择合适的表达方式；移情性原则指的是表达意思时，要考虑目的语国家的文化风俗习惯。

交际法教学的理念正不断地深入我国的外语课堂教学实践，浙江省英语特级教师彭那祺通过多年的教学探索，把交际法教学融入自己的日常教学，不断提升自己的教学理念，她在自己的专著中总结道："'和谐'是交际法教学最重要的艺术特色。"她认为，在外语课中，最重要的是要从交际的高度出发，帮助学生打下坚实的外语基础，培养学生运用外语交际的能力，帮助学生在习得外语的过程中掌握一套科学的外语学习方法，养成良好的语言习惯，这些将构成学生可持续发展的外语潜能。

## 第三节 任务取向的外语教学模式

### 一、任务取向的外语教学模式的定义

任务取向的外语教学模式是指一种以任务为核心单位计划、组织外语教学的途径。它是诸多交际教学途径中的一种，其教学思想仍然在交际语言教学思想的理论框架之内。任务取向的外语教学模式已有多年的实践，针对任务取向的外语教学模式的研究已经取得了可喜的成果，很多学者从不同的角度对这一教学模式进行了研究，赋予其新的内涵。例如，根据外语课堂教学中的任务与真实生活中的任务的相似程度，把任务分为"真实世界的任务"（或"目标任务"）和"教学任务"。前者是指那些在生活中有类似对象或原型，即通过客观分析考察后，根据实际需要设计的任务，旨在赋予学习者完成真实生活中类似任务的语言能力；后者指基于第二语言习得理论和相关研究，未必直接反映客观实际的任务，只限于在一定的教育环境中使用。

我国学者龚亚夫和罗少茜根据目前的有关文献，把主张任务取向的外语教学模式的专家和学者分为"广义任务派"和"狭义任务派"两类。广义任务派认为，任务可分为"交际任务"和"学习任务"，此处的学习任务与"教学任务"意义比较接近。而狭义任务派认为，只有为了某种交际的目的使用语言的

活动才可以称为任务,该任务定义与"真实世界的任务"或"目标任务"的概念比较吻合。

## 二、任务取向的外语教学模式的理论基础

任务取向的外语教学模式被提出后,它的发展、演化和内涵的不断丰富都得益于理论的支撑。言语行为理论是任务取向的外语教学与研究十分重要的理论来源,旨在回答语言是如何用于"行",而不是用于"指"这一问题。根据个体说话时所实施的三种行为,英国哲学家奥斯汀(J.Austin)提出,任何一个完整的言语行为都可以分解为三个方面的行为,即"言内行为"(locutionary act)、"言外行为"(illocutionary act)和"言后行为"(perlocutionary act)。言内行为指传统意义上的"意指",即发出语音、音节,说出单词、短语和句子等,既说出了这句话,又表达了这句话的意义。言外行为指通过"说话"这一动作实施一种行为,发出一种请求,人们通过说话可以做许多事情,达到各种目的。言后行为是指提出这个请求后取得的效果或得到的回应。美国哲学语言学家塞尔(J.Searle)在奥斯汀研究的基础上,把言语行为理论发展为一种解释人类语言交际的理论。塞尔认为,语言交际单位不是单词或句子等语言单位,而是言语行为,语言交际过程实际上是由一个接一个的言语行为构成的,每个言语行为都体现了说话人的意图。塞尔把一句话所实施的言外行为与内容联系起来,体现了话语行为与命题行为之间的关系。

随着任务取向的外语教学研究的不断深入,国内学者开始从不同的视角来探讨和建构其理论基础。龚亚夫和罗少茜认为任务取向的外语教学模式的理论依据来自许多方面,有心理学、社会语言学、语言习得研究和课程理论等。从语言习得的角度可以解释任务取向的外语教学的必要性,社会建构理论和课程理论可以阐释任务取向的外语教学理念。有的学者认为系统功能语言学的诞生对20世纪80年代以后的语言教学的发展产生了重大影响,其中就包括任务取

向的外语教学。还有的学者从学习论的视角，如让·皮亚杰（Jean Piaget，以下简称"皮亚杰"）的认知发展论、杰罗姆·西摩·布鲁纳（Jerome Seymour Bruner，以下简称"布鲁纳"）的发现学习论、戴维·保罗·奥苏贝尔（David Pawl Ausubel）的意义学习论和社会建构主义学习理论，以及教学论的活动教学来分析任务取向的外语教学理念。下面从语言习得理论、课程理论和活动教学三个视角来分析任务取向的外语教学的必要性和意义。

1. 语言习得理论

语言习得是指一个人语言的学习和发展，此处的学习与课堂上的学习意思相对。"Language is not taught but acquired.（语言不是教会的，而是习得的。）"语言习得理论表明，在语言课堂上仅仅学一些语言规则和词汇意义，并不等于能自如地运用该语言。通过研究语言习得发现，当学生做机械性语言练习时，他们的注意力有意识地集中在语法形式上，可能看起来暂时掌握了所学习的语法结构。一旦让他们用目的语去交流，将注意力集中到语言的意义上时，语言错误就会增加。另外，有学者做过一个实验，他们把一个班分成实验组和对照组两组，教师在实验组内讲授语法，同时给予学生实践的机会，而对照组内只讲授语法。结果表明，虽然实验组学生学习语法的时间少，但是他们不仅交际能力强，而且语法测试的成绩也比只讲语法的对照组学生好。因此，语法与交际结合的方式，比单纯讲解语法知识更能提高学生语言的流利程度和语法的准确程度。

语言习得理论并非反对教授语法，而是提倡在学习语法项目后有实践和运用的机会。例如，在不同的情境或语境中，反复使用含有该语法规则的句式。只有不断地在真实情境中使用语言，才能逐渐发展自己的语言系统，这正是任务取向的外语教学所追求的效果。语言使用在任务取向的外语教学模式中指用语言来做事情，即完成各种任务。当学生积极地参与、尝试，用目的语进行交际的时候，也就掌握了语言。当学生所进行的任务使他们当前的语言能力发挥至极点时，习得也扩展到最佳程度。

## 2.课程理论

课程理论是指人们对课程与社会、知识、学生等关系的规律性认识。外语学科课程理论是从学生的角度出发,将学习理论、课程理论和教学实践综合起来的一种课程理念。它具体由意识（awareness）、自主（autonomy）和真实（authenticity）三要素组成,即3A课程观。课程理论有助于人们对任务取向的外语教学理念做更深入的理解。

在3A课程观的框架中,意识十分重要。意识指在课程学习时,教师要让学生知道自己在做什么和为什么做,学生只有在明白自己学习的内容对自身的生活或发展有价值后,才会投入注意力,对某件事物开始关注,并有意识地参与,用心地感受过程,用心地反思效果。意识给普通教师的启示在于,教学不能只给学生灌输知识点,而是要在思想上让学生明白学习的目的和意义。任务取向的外语教学模拟人们在生活中使用语言的情境,在各种有明确目标的活动中,学生有意识地参与语言的交流,从而掌握语言。学生一旦找到了学习的价值,激活内在动机后,学习就进入了第二阶段——自主阶段。

自主阶段中的"自主"指学生可以根据自己的兴趣,对要求完成的任务保留一定程度的选择权。例如,学生可以自主确定总任务下的分任务内容,选择以何种方式完成任务,以及小组成员如何分工等。学生被赋予了选择权,同时也被赋予了责任。学生带着这份责任会更尽力,这份发自内心的动力有助于学生对信息进行深度加工,改善学习效果。

同样,这份对自己学习负责的责任感有利于学生成为富有责任感的公民。学生通过参与任务取向的外语教学,不仅学会了语言,更重要的是学会了做人,因为学习的过程就是磨炼意志的过程,这就自然要求学习过程的真实性。

"真实"包括教材的语言材料没有被加工,课堂中所使用的语言与生活中相一致,更重要的是人的"真实行动"。所谓真实行动,指该行动是发自内心的、自愿的行动。在任务取向的外语教学中,学生做的事情是他们自己想做的,他们的行为是自己选择的,他们表达的是自己的真实感受,这才是真实。相反,不真实的行为是由外部因素引起的,是因为看到其他人都这样做,或是被要求这样做，自己才做的事情。任务取向的外语教学鼓励学生表达自己的真实感受，传递真实信息，讲述生活中真实的经历，而不是背诵和转述课文。

### 3.活动教学

活动教学主要指在教学过程中以建构具有教育性、创造性、实践性、操作性的学生主体活动为主要形式，以鼓励学生主动参与、主动探索、主动思考、主动实践为基本特征，以实现学生多方面能力综合发展为核心，以促进学生素质全面提高为目的的一种新型教学观和教学形式。该教学观有以下四方面基本主张：

第一，坚持把"以活动促发展"作为基本指导思想。

第二，倡导以主动学习为基本习得方式。

第三，以问题性、策略性、情感性、技能性等程序性知识为基本学习内容。

第四，强调以能力培养为核心，以素质全面发展为方向。

以上主张表明，活动教学与任务取向的外语教学的理念非常吻合。

首先，任务取向的外语教学中以任务，即"用语言做事的活动"为基本教学组织形式。这样做的理论假设是有效的，因为语言学习不是传授性的，而是经历性的，让学习者参与有目的的交际活动，在交际中认识、掌握、学会使用目的语是习得第二语言的有效途径。

其次，从学习方式来看，任务取向的外语教学积极倡导合作学习、交往学习、探索发现学习、体验学习等学习方式，通过用目的语交流、沟通、协商完成任务，促进交际各方在目的语的掌握和使用上取长补短，促进各方中介语系统的扩展、修订、重构，从而使语言输出得到落实。语言的输出能够有效地激发学习者从以语义为基础的认知处理转向以句法为基础的认知处理。以语义为基础的认知处理是开放式的、策略性的、非规定性的，在理解中普遍存在；以句法为基础的认知处理在语言的准确表达，乃至最终的习得中十分重要。因此，语言的输出在句法和词法习得中具有潜在的重要作用。

最后，从发展能力、提高素质的角度看，人作为社会个体，交际能力是其基本的生存能力之一。通过任务取向的外语教学，学生不仅能提高语言水平，其沟通能力、合作能力也能得到锻炼。因此，任务取向的外语教学是一种有效的素质教育方法。

## 三、任务取向的外语教学模式的特点和原则

任务取向的外语教学模式包含五个特点：

第一，强调通过交流来学会交际。

第二，将真实的材料引入学习环境。

第三，学习者不仅注重语言的学习，而且关注学习过程本身。

第四，把学习者个人的生活经历作为课堂学习的重要资源。

第五，试图将课堂内的语言学习与课堂外的语言活动结合起来。

结合上面的五个特点，我国的高校外语教学要特别注意以下几点：

第一，尽可能把外语课设计成各项语言活动，如回答问题、填信息表、设计课文提纲等，给学生提供真实情境下的、基于信息差的、有意义的交流活动。

第二，注重语言知识的教学，但是不要单向地灌输，而是要在布置任务后，让学生感受到如果想顺利完成任务，必须得到必要的语言输入。教师应当先创造需求，再以交互方式，在完成任务的情境中向学生提供他们所需的语言输入。

第三，要充分体现真实性原则，即语言材料的真实性。教师的问题设置尽量以学生的实际需要为出发点，同时要求学生提供真实的想法和感受，教师要以真实的思想与学生交流，达到师生之间心灵的沟通。师生之间或生生之间通过这样真诚的沟通，可以加深对彼此的理解，使课堂上共同度过的时光更加美好。

任务取向的外语教学模式应当遵循以下五项教学原则：

第一，言语、情境真实性原则。

第二，形式—功能性原则。

第三，任务相依性原则。

第四，在做中学原则。

第五，脚手架原则。

这五项教学原则与五个特点相比，在理论上进行了高度概括，对教学实践具有更强的指导意义。前文已就"言语、情境真实性原则"进行了分析。"形式—功能性原则"中的"形式"指语言形式，即语言知识本身；"功能"指语言知识在真实情境中的运用，该原则要求教师和学生对语言形式和语言功能有清晰的认识，任务设计要注重语言形式和语言功能的结合，旨在使学生掌握语言形式，提高使用语言的能力。总之，在进行任务取向的外语教学时，语言的形式与语言的意义是紧密结合的。"任务相依性原则"指任务设计既要遵循由易到难的原则，又要体现任务之间的关联性。例如，总任务中包含许多小任务，而小任务环环相扣、层层铺垫，随着小任务的全部完成，总任务也相应完成。"在做中学原则"可以说是任务取向的外语教学的核心原则，"做"可以指前文中的"活动""交互"等概念，在此不再展开讨论。"脚手架原则"可以从两方面进行理解：一方面，教师设计任务，一定要适合学生的实际情况，让学生通过努力能够顺利完成，从而获得安全感和成就感；另一方面，在完成任务的具体过程中，任务如何完成、成果如何，教师都应在教学的初级阶段向学生提供一些可以借鉴的思路或样式。

## 第四节 社会文化互动的外语教学模式

解释理论（也有人称其为"互动理论"）是社会文化互动取向的外语教育模式的理论基础。该理论由现象学、知识社会学、符号互动论、拟剧论等共同构成。在课程与教学方面，其基本要点包括以下几个方面：

第一，关注教学活动中教师与学生如何构建、控制并解释其日常生活中的问题，关注师生互动过程。

第二，强调师生共同创造课堂环境，解释师生各自的角色和各种行为所表达的意义。注重师生在课堂中的对话，剖析师生的观念与行为。

第三，分析课堂教学情境时，语言是最基本的符号，课堂教学要利用语言进行有效沟通。在教学过程中，师生对课堂情境的不同理解是影响课堂教学效果的重要原因之一。

此外，知识社会学理论的基本观点是：把教育现象看成是一种创造性的事实，而非一种既定的事实；师生互动是一个解释的过程，而非一个教师让学生被动接受的过程；教学内容并非一定客观、公正、有效，而是受社会、政治、权力等因素的影响。

以上观点表明，课程是一种社会文化，课堂教学是社会文化的传承，所以社会文化互动取向的外语教育模式可以简称为"互动教育模式"，或"交互（式）外语教育模式"。该模式最初是一种以支架式教学思想为基础，以训练学生的阅读策略为目的的教育模式。该模式具有两个特点：一是重点培养学生特定的、具体的、用以促进理解的策略；二是以教师和学生之间的对话为背景。对于语言课堂来说，"交互"是学生通过使用语言而获得语用能力，在传达和接受真实的语言信息上集中注意力（即在关系到交互双方利益的情境中交换信息）。交流是语言的基础，语言交互是一种合作活动，不管交流是口头的还是书面的，都包括信息发送者、接受者和情境环境三者之间关系的建立。交互不仅是自我观点的表达，还有对他人观点的理解。例如，学生倾听或者阅读真实的语言材料，然后根据材料完成任务，就是一种交互形式。在交互中，学生能够使用自己已有的语言知识进行真实的交流，这种表达真实想法的交流对学生来说是很重要的。此外，学生也能通过创造语篇去表达意图。

交互式教育模式是指师生共同参与教学活动，相互承认与尊重，通过多种方式相互作用、相互沟通，促进学生全面和谐发展。交互式教育模式是开放的、具有建构性的，是一种新型的教育模式。

交互有利于语言学习，若想在语言课堂上进行有效交互，可以采取以下措施：

第一，教师给学生创造大量的倾听真实的语言材料的机会。此处"真实的语言材料"包括教师流利的外语表达、原声录音或录像带、英文报刊、英文书籍，甚至是英文产品说明书、菜单、地图等。如果条件允许，可把母语为目的语的人士带入课堂，与学生进行交谈。真实的语言材料不一定要很难，可以在一些有意义的活动中适当使用。

第二，学生必须在课堂情境中听、说外语。例如，学生可以面对挂图和实物听、说外语；可以进行角色扮演和小组讨论；可以编制电台脱口秀；可以创建一些场景，如在教室组织一个"跳蚤市场"，举办晚会或模拟求职面试等等。

第三，学生一起做一些有意义的活动，如做小手工、帮助他人等。

第四，让学生观赏一些原版电影或录像带，观察以外语为母语的人士如何交流，注重观察他们的非言语行为——如何感慨、如何开始或维持对话交流、如何进行协商，以及如何结束交流等。

第五，可以通过交互来提高口语能力，除对话式的交互活动，还可以通过诗歌朗诵、创编对话或剧本等方式，锻炼学生的语音和语调。

第六，跨文化交互对在现实世界中运用目的语来说是很重要的。首先，高校学生大多拥有相似的价值观、相近的行为方式和表达方式，他们能辨别自己对目的语人士以及双方文化的思维定式。跨文化交互有助于学生直接与目的语文化进行观点交流或介入目的语文化的活动。其次，与具有不同文化背景的人士进行交互，可以帮助高校学生清楚地认识到自己如何应对不同的人，反思自己的语言风格，锻炼不同的交互技巧，这些都能在将来帮助学生在不同的文化环境中更好地生存。最后，学生可以总结因为文化差异而导致交流失败的案例，并表演出来。如果条件允许，还可以请以外语为母语的人士，从他们本民族的文化视角来谈谈这些文化差异。此外，音乐和舞蹈也能帮助学生了解不同民族的文化。

第七，在阅读活动中，读者与文本之间应该有精彩的交互，如解释、拓展、讨论其他的可能性或其他的结论。通常情况下，阅读可以促进学生进行有效的口语、书面语输出。

第八，针对写作活动，教师应注意使学生完成的书面作品有人来阅读，如刊登在班级报纸上或抄写在通知栏上。对话日记是交互性写作的典型例子。

第九，交互并不排除语法学习。语法知识有利于交互水平的提高，但是需要注意的是，把语法学习过程交际化，让学生通过有效的交互内化语法规则。

第十，测试也应该具有交互性。例如，多项选择题和填空题是语言知识的测试，不是正常的语言使用活动。测试应该尽可能地回到语言的正常使用上来，成为一个在理解和表达方面有意义建构的有机过程，因为测试本来就是学习的一部分。

近年来，我国的学者和教师也越来越关注外语课堂教学的互动性，认为互动外语教育模式是高校外语教学的必然趋势。教师不能把自己看作单纯的知识传递者，而应看作语言学习活动的组织者和参与者，为学生创造使用语言的机会，对使用语言提供指导，使学生通过语言实践来掌握语言知识和使用能力。同时，教师应帮助学生在学习过程中逐渐掌握最适合自己的学习方法。此外，互动外语教育模式必须是有创造性的、有意义的语言操练。具体地说，可以概括为以下三点：

第一，互动的内容应有助于激发学生的兴趣，有助于学生完成学业目标。

第二，在互动教学过程中导入的新内容必须与学生已有的知识、生活背景等相关。

第三，互动活动的内容必须能够激发学生参与活动的内在动机。活动可以包括以学生为中心的、合作性的教学，也可以包括以内容为中心，将语言和文化相结合，以培养语言表达能力为基调，以培养技能为基础的测试。

在具体课堂教学过程中，互动外语教育模式可以设计成以下几种形式：

第一，以问题为中心的操练活动。

第二，以使用词语为手段的词汇学习过程。

第三，以原文内容为主线，进行人称替换的故事重组活动。

第四章 高校外语教学模式构建方向

第四，以翻译为检测手段的巩固方式。

第五，听说结合的听力教学方式。

第六，形式多样的趣味外语活动。

以上活动是课堂教学交际化的具体体现，充分体现了学生的主体性。从互动外语教育模式设计的种类来看，该模式把各个教学环节都变成了互动过程。但是，互动活动在很大程度上仍只关注语言本身，如词汇学习的方式、巩固活动、听力的教学方式等，这表明"互动"只是在教学技巧上的一种改变，在整体上没有形成比较完整的新的课堂教育教学体系。

要想使课堂更具交互性，教师在外语课堂上不妨抛弃那些程式化的教学语言，如"Now we are going to study grammar.""Now let's study the new words.""Now Let's use this word to make a sentence."，而是更多地使用与交谈话题相关的、富有情感的、互动式的具有交际性的语言，如"Let's imagine..." "Suppose..." "In that case what do you think..." "What's your opinion about..." "Put yourself in the position..." "Do you want to make a guess?" "Who has a different opinion about..."等。

随着外语课程改革的不断深入，对互动外语教育模式的研究也在不断深入。交互式课堂教学模式的基本流程应当为"目标导入—小组讨论—组际发言—成果评价"。在课堂上，可采用同桌互学、小组讨论、大组辩论、自由发言等形式，营造师生之间、生生之间自由平等的氛围，通过互相提问、互相帮助，学生学会思考问题、解决问题、发展思维，从而实现学习目标。

总之，社会文化互动取向的外语教育模式是一种面向未来的新事物，它的内涵与形式需要不断完善和丰富，它的教学组织方法也将朝着多样化的方向发展。

# 第五章 高校外语教学基本模式

## 第一节 任务型教学模式

### 一、任务型外语教学的内涵

"任务型外语教学"的英文名称是 task-based foreign language teaching，简称 TBLT。所谓任务型外语教学，就是以完成具体任务为学习动力或动机、以完成任务的过程为学习过程、以展示任务成果的方式来体现教学成就的一种外语教学途径。途径（approach）与方法（method）是有区别的，这里的途径指的是关于语言及外语教学的理念和认识，是外语教学的方向，是原则性的、原理性的，如 the communicative approach（交际教学途径）；方法指的是具体的教学方法，是操作性的，如 the situational method（情境法）。任务型外语教学的核心思想是模拟学习者在生活中运用语言所从事的各类活动，把外语教学与学习者在今后日常生活中的语言应用相结合。任务型外语教学认为，要培养学习者在真实生活中运用语言的能力，就应该让学习者在教学活动中参与和完成真实的生活任务。学习者在完成任务的过程中，运用目的语进行理解、交际，他们的注意力集中在意义上，而不是语言形式上。任务型外语教学就是让学习者在做事情的过程中学习语言、使用语言，"在做中学、在用中学"，把语言学习与语言运用有机地结合起来。

## 二、任务类型分析

### （一）任务类型

1. 目标型任务或真实世界的任务

目标型任务或真实世界的任务指的是学习者离开课堂后，在生活、工作中可能遇到的各种事情，如收听天气预报、预订机票等。它是学习者学习外语的最终目的。

2. 教学型任务

教学型任务包括激活式任务和演练式任务。激活式任务是激活学习者新学习到的语言技能，采用角色扮演、信息交换等方式进行。演练式任务与真实生活中的任务相似，如在报纸上寻职并模仿求职过程等。在完成这些任务的过程中，学习者从模仿性地运用语言逐步过渡到创造性地运用语言，从而习得语言。

3. 单元任务

单元任务是指为了达成单元教学目标，结合单元功能话题及语言形式等内容，教师为整个单元所设计的一系列任务。每个单元任务都可能具有激活式任务、演练式任务的特征，而任务之间又存在着相依性、涵盖性的特征，并由此形成由易到难，由简到繁，层层深入，由初级向高级，高级又涵盖初级的链式循环结构——单元任务链。

4. 课时任务

单元教学目标被分解为更加具体的课时目标，为实现课时目标，教师为一节具体的课所设计的一系列任务即为课时任务。课时任务之间同样存在着相依性、涵盖性的特征，并由此形成课时任务链。单元任务与课时任务之间的关系为单元任务链中的每个单元任务分别是各节课时任务链中的高级任务，单元任务涵盖课时任务。

### （二）任务、活动、练习

课堂教学其实就是把课堂活动任务化，在实际课堂教学中，一个个任务串起若干活动，这些活动既有任务的特征又有练习的特征。有些活动可能有多个步骤，其中，某些步骤更接近任务，某些步骤更接近练习。采用任务型外语教学途径不能否认练习对语言学习的作用。练习是完成任务所开展的系列活动中的某一个步骤，围绕语言项目本身进行的一些复习、巩固语言知识的活动。在完成任务的过程中，学习者围绕一个具体的目标，分步骤做事情。

## 三、任务型外语教学的特征

### （一）真实性与多样性

真实性是指教学内容真实，学习的语言材料来源于学习者的真实生活，贴近学习者的生活实际。

多样性是指活动多样，主要体现在活动的层次方面。在初始阶段，要有机械性、意义性的操练活动，如模仿练习、问答练习等。在中级、高级阶段，要有运用性的练习活动，如采访、角色扮演、讨论、问题解决等。

### （二）综合性

兼顾语言知识结构与交际功能，以及语言的准确性、流利性和综合性的任务型外语教学倡导者，非常强调语言的表意功能及语言的综合运用，同时也认为应该教学习者学习语法、学习如何使用语法为交际服务，强调语言的准确性。他们认为学习者在使用语言进行交际时，大脑中出现的不仅是单个的词和语法规则，还有语块，即预先组织好的短语和固定表达，同时也强调语言的流利程度。

### （三）循序渐进的任务链

传统的外语教学课堂有活动步骤，但是各活动步骤间缺乏联系。任务型外语教学的课堂是由一个一个任务串起来的，每个任务是根据其难易程度来排列的，先易后难，先简后繁，任务与任务之间存在着相依、层递、连续、涵盖的关系，遵循由简单到复杂、由单一到综合、由输入到输出、由学习到生活、由初级到高级，而高级又涵盖初级的链式循环发展规律。每个任务下串起了各项活动，各项活动之间具有有机联系。

### （四）师生角色的转变

在传统的外语教学中，课堂上，通常是以教师为中心，教师传授知识，或带着学习者进行操练。而任务型外语教学强调课堂教学要以学习者为中心，教师的主要工作就是设计任务、提供语言材料、组织安排活动；在完成任务时，有些任务的结果或答案不是唯一的，可能教师本人都不一定知道答案，这时教师可以和学习者一起做任务、共同学习甚至向学习者学习、帮助学习者建构自己的知识体系。综上所述，在任务型外语教学中，教师是学习的计划组织者、学习资源的提供者，以及任务活动的示范者、协作者、评估者。学习者在课堂上的大多数时间，都在以个人或小组的形式完成任务、参与活动。在活动中，学习者有较大的自由度，他们被鼓励使用任何学过的语言项目，而不是只能用规定的语言项目；在语言的使用、完成任务的方式等方面，他们也被鼓励创造性地自由发挥，鼓励多种任务成果形式。因此，学习者在课堂上不是被动的接受者，而是积极的参与者、探索者、调控者。

### （五）评价方式的转变

与传统的评价相比，任务型外语教学的评价内容和方式都有很大的转变：第一，评价的目标从重结果、重成绩、重甄别与淘汰转向重过程、重能力、重发展。

第二，评价内容从单一的语言知识转向学习者的实际言语能力及学习过程表现。

第三，参与评价的主体由教师转向教师、学习者、同伴、家长、社会等多方面。

第四，评价手段从单一性、固定性的考试转向多样性与灵活性、测试性与非测试性、形成性与终结性评价相结合，评价方式有教师评价、家长评价、学习者自评、学习者互评等。

第五，评价效果从"学习者为分而学，教师为考而教"，增强教师间、学习者间的攀比转向激励学习者学习，增强其信心，培养教师与学习者间、学习者与同伴间的合作精神。

## 四、任务型外语教学的意义

从语言观及语言学习观的角度来看，任务型外语教学模式所倡导的正是语言习得所需要的，即语言输入与输出、语言的真实运用，以及学习者内在动机的最大化。任务型外语教学的意义具体表现为以下几点：

第一，任务型外语教学倡导学习者用语言做事情。在做中学、用中学，避免了传统外语教学中过分关注语言形式、语言结构，重知识传授而忽视语言意义、语言功能、语言实践，以及语言与文化的关系等问题。

第二，任务型外语教学倡导学习者双边或多边的语言交流活动。在活动中，学习者使用目的语作为交流工具，有利于学习者把课堂内所学到的东西迁移到实际生活中，顺利地进行语言交际；同时，让学习者及时看到学习成果，从而体验成功的快乐，有利于激发学习者的学习动机、兴趣、自觉性和求知欲。

第三，任务型外语教学倡导学习者运用参与、创造归纳、整合等学习方式，提倡开展人际交往活动。在交流中，每个人都承担一个角色，并与他人合作，这有利于发展学习者的综合素质，提高他们的策略意识，增强责任感，培养合作精神。

## 五、任务型外语教学的实施

要讨论任务型外语教学的实施，有必要先讨论外语课堂教学结构，再讨论任务的设计原则、方法步骤，在此基础上探索任务型的课堂教学模式。

### （一）外语课堂教学结构分析

第一，从课堂教学环节出发，外语课堂教学基本由六个环节构成：导入（lead-in）、呈现（presentation）、机械操练（mechanical drill）、意义操练（meaningful drill）、交际性语言实践（communicative language practice）、归纳练习（inductive practice）。

第二，从语言知识的角度出发，外语课堂教学包含语音教学、词汇教学、句型教学、语法教学。

第三，从语言技能出发，外语课堂教学包含听、说、读、写四项语言技能训练。

第四，从课型的角度出发，外语课堂教学可以分为功能对话课、听说课、语篇阅读课，以及综合运用语言的能力训练课或复习课。

交际教学流派认为，语言知识的教学和语言技能的训练应该紧紧围绕语言功能及语言运用展开，即语音教学、词汇教学、语法教学、句型教学，以及听、说、读、写四项语言技能训练都应该融入功能话题教学、语篇阅读教学和综合运用语言的能力训练课之中。无论进行什么内容、什么课型的教学，外语课堂活动都离不开上述的六个课堂教学环节。而六个环节的主线是任务，其操作模式可以概括为教师设计任务、组织安排活动，学习者参与活动、完成任务，从而实现教学目标。

## （二）任务设计原则

设计任务应该遵循一定的原则，只有这样才能把握任务设计的正确方向，顺利地进行任务型外语教学。设计任务应该遵循以下原则：

### 1.学生需求原则

课堂需要有意义、有价值的任务，所谓有意义、有价值的任务是指学生应该完成、愿意完成、通过努力能够完成的任务。设计这样的任务必须分析学生的个性需要（即学生能做什么、会做什么、想做什么）。教师确定学生的个性需要基于学生的兴趣爱好、生活经历、能力范围、智能等多方面因素。以"美术"这一话题为例，不同生活背景、不同年龄层次的学生对美术作品的认识不同，初中生能完成对作品种类的调查，而高中生就可以完成对作品理解的调查。

### 2.目的性原则

设计任务必须考虑目的，即为了完成任务，学生需要准备什么、做什么活动，以及完成任务后要得到什么结果。目的通常是两方面的：一是明线，学生完成任务需要的材料、要做的活动，得到一个非语言成果；二是暗线，学生完成任务需要的词汇、句型等语言知识的准备，做活动时熟悉语言形式，完成任务后习得语言，获取综合运用语言的能力。举个例子，教师设计一个让学生边听边画的任务，在课堂上说道："There is a river around the mountain,there is a boat on the river.And there are some people sitting in the boat and some boys swimming in the river."。学生为了完成教师所设计的这项任务，需要准备白纸和画笔，听教师的描述，完成绘画。这项任务的明线（非语言成果）是学生所绘制的图画，暗线是学生为了完成这项任务，需要熟悉"there be"句型。

### 3.任务相依性原则

任务是根据其难易程度来排列的，先易后难；同时也是根据活动的特征来排列的，先输入后输出。任务之间要有层递性、连续性、涵盖性，遵循由初级到高级、由简单到复杂、由单一到综合、由输入到输出、由学习到生活的发展规律。

#### 4.真实性原则

真实性原则更多的是针对交际性任务，要求交际双方有真实的交际需要，所提供的语言材料及活动形式要尽可能接近生活。例如，阅读后回答问题就不是真实的任务活动，因为实际生活中，人们在阅读时发现有价值的东西，不会特意地去回答问题，更多的是做摘录、标识等。

#### 5.做事原则

任务型外语教学认为学习语言的过程其实是"在做中学"的过程，要求学生在完成任务的过程中必须动手做事情，如画图、连线、记笔记、动手操作等。学生在做事情的过程中获得并积累学习经验，体会并内化语言知识，通过使用语言发展自己的语言系统。

#### 6.信息交流原则

信息交流原则更多的是针对交际性任务，在完成任务的过程中，活动必须涉及信息的获取、传递、处理与使用。对话双方不再是"明知故问"，而是一方发生信息缺失，产生交际需要后向另一方索取有用信息，信息沟通活动由此展开。

#### 7.重意原则

语言学习的最终目的是用语言进行交际，交际需要说话双方更多地关注语言意义而不是语言形式，关注语言的逻辑性、连贯性、流利性，而不只是语言的正确性。因此，教师需要设计语言功能和语言形式相结合的任务，在完成任务的过程中，学生可以学习语言的形式、理解语言的功能、关注语言的意义、表达他们想表达的内容，逐步养成用外语思考的习惯，而不仅仅是完成任务。

#### 8.结果性原则

完成任务后必须有一个看得见、摸得着的非语言结果，这个结果也许是学生的绘画作品、完成的表格、列出的清单，也可能是做出的决定、完成的报告、制作的物品等。这个结果是任务的一个组成部分，是评估学生是否完成任务的依据之一，这个成果能给学生带来成功的感觉。

### （三）任务设计的步骤

#### 1.确定任务目标

任务目标一般有三级，分别是最终目标（发展学生语言运用能力、交际能力所要达到的最高要求）、教育目标（英语课程标准所描述的五项九级目标）、具体目标（某个特定任务下的具体活动所要达到的具体目标）。此处重点讨论具体目标。

教师将课程标准所设定的等级目标细化为许多具体的语言行为目标，即学生可以用所学语言做的事情，也是更具体、更详细的单元任务目标、课时任务目标。目标也不只是语言知识或语言技能目标，还包括人际交往、学习策略、情感态度等方面的目标。因此，确定任务目标时应该注意以下几点：

第一，熟悉课程标准规定的分级分项目标，侧重研究教学涉及的学段分项目标。

第二，充分了解学生需求和教材内容。

第三，以单元为单位整体考虑任务目标，再从单元目标中细化出课时具体目标。

第四，目标的描述要做到不缺项（即不缺少语言知识、语言技能、情感态度、学习策略、文化意识），使用行为动词，保证学生是行为的主体，行为分层落实，可操作、可检测。

#### 2.确定任务类型

依据不同的目标选择不同的任务类型。初级的、单一的、简单的、学习性的、封闭式的与高级的、综合的、复杂的、生活化的、开放式的任务应该搭配使用，合理选择。

### 3.选择教学材料

课程改革的一个重要理念是"用教材教，而不是教教材"。结合教学实际，如果教材中的部分内容不适合学生需求，教师需要对教材进行重组，选择教材以外的教学材料。选材时，要考虑材料的形式、内容、难易程度、呈现方式等。材料可以涉及学生生活经历、书报、广播、电视、网络等。

### 4.规划任务活动

设计任务一般要规划两类活动，分别是准备活动与交际性活动。准备活动是为了激活学生已有知识与技能的活动，交际性活动包括调查分析、讨论、作报告等，这两类活动应交叉循环进行。从认知的角度，活动又可分为输入活动与输出活动，而且应当先输入再输出。规划活动时应该考虑以下因素：

第一，活动所需的时间。

第二，活动应采用的方式。

第三，活动的具体目的。

第四，学生是否对活动感兴趣。

第五，学生是否具备完成活动的能力。

第六，学生能否在活动中使用新的语言项目。

### 5.确定操作程序

操作程序会随任务中的活动规划的进程而确定，教师需要进一步考虑具体操作细节，要预测进程中可能出现的问题，如活动之间的衔接过渡、小组活动分工、教师的指令等，并准备相应的应对措施。

### 6.调整任务难度

在操作过程中，不可避免地会出现任务的难易程度设计不当等问题。这时，教师需要及时调整，以免学生产生惰性或畏难情绪。例如，利用"3S"心理控制法或"3C"模式进行调整。

（1）"3S"心理控制法

"3S"心理控制法是指教师控制学生在课堂上的惊奇（surprise）、悬念

(suspension)、满足(satisfaction)等三种常见的心理状态，使学生能用所学的语言项目进行表达和交流，并在学生经历挑战之后，充分挖掘学生的潜能，调动学生的积极性，以取得良好的教学效果。

(2)"3C"模式

在大量的理论研究与实践后，"3C"模式应运而生，它能调整任务难度，即语码复杂性（code complexity）、认知复杂性（cognitive complexity）、交际压力（communicative stress）。语码复杂性指的是完成任务所需词汇、句型的难度，认知复杂性指的是认知的广度和深度，交际压力指的是完成任务限定的时间、形式等对学生造成的压力。

# 第二节 探究式教学模式

## 一、探究式教学产生的背景与现状

探究式教学在古希腊时期苏格拉底、柏拉图、亚里士多德等人的教育思想中已现雏形，如苏格拉底的问答法。苏格拉底与学生谈话时，不把结论直接告诉对方，而是向对方提出问题，再根据对方的回答不断提出新问题，最后引导对方得出正确的结论。苏格拉底通过平等的讨论，启发对方独立思考，使对方的思维始终处于积极活跃的状态，同时遵循了从具体到抽象、从个别到一般、从已知到未知的教学规律。欧洲文艺复兴时期，英国哲学家弗朗西斯·培根（Francis Bacon）认为，真正的知识是根据原因得到的知识，探究因果是理性的职能，强调要重视科学实验和探究。真正对探究式教学进行系统的研究，则始于20世纪初的欧洲、北美等地区，到了20世纪中期，人们对探究式教学的研究达到高潮。此后，探究式教学一直是教育工作者，尤其是科学教育工作者，关注的焦点之一，近来更成为各学科共同探讨的话题。

历来提倡探究式学习的美国在探究式教学上也面临多重挑战，从传统讲授向探究转变的步伐仍较为缓慢。前人的探索为我们提供了丰富的经验，具有重要的借鉴意义。美国教育界对探究式教学的研究走在了前沿，并拥有更多的成果，其中美国著名哲学家、教育家约翰·杜威（John Dewey，以下简称"杜威"）于20世纪初所进行的理论与实践探索受到人们的广泛关注。杜威把探究法引入教育领域也成为其在教育界的一大功绩。杜威在其著名的教育哲学著作《我们如何思维》和《民主主义与教育》这两本书中，从理论上论证了科学探究的必要性，并提出了自己独到的见解——教学五步，即人的探究过程要经历五个步骤：暗示（情境）—问题（确定问题）—假设（设计）—推理（推论）—检验（实证）。此后，杜威以教学五步为基础，创立了"问题教学法"。他认为，科学教育不仅要让学生学习大量的知识，更重要的是要让学生学习科学研究的过程或方法。

美国进步主义教育家威廉·赫德·克伯屈（William Heard Kilpatrick）依据杜威"从做中学"的教育思想，创立了一种新的教学组织形式和方法——设计教学法，其中也蕴含了探究教学的实施形态。20世纪50年代末、60年代初，布鲁纳在积极推进发现式探究的运动中指出，发现学习是非常有价值的，他认为，发现学习能够激发个体内在学习动力，并促进个体对知识的牢固掌握。随着更具有操作性的教学方法——探究式教学法的提出，学习方式和教学方式的改革也在不断推动着新型课程形态的诞生。美国教育心理学家罗伯特·米尔斯·加涅（Robert Mills Gagne）主要研究开展探究教学所需要的技能。1978年以后，西方的一些哲学思想和教育思想陆续影响着我国学者的探索，各种探究教学的理论层出不穷，相关外语教师将其运用到外语教学实践中，取得了明显的成果。目前，探究式学习和探究式教学不仅在美国受到极大的关注，也广泛地传播到了世界其他国家。2001年，中华人民共和国教育部印发《基础教育课程改革指导纲要（试行）》，就大力倡导自主、合作、探究的学习方法。新一轮基础教育课程改革正在我国如火如荼地进行，新课程改革的目标之一就是顺应时代的发展，使学生改变接受性学习方式，学会探究式学习。新课程改革大力倡导在各学科中，面向全体学生开展多样化的探究式学习。这就要求教师在教学过程中，要辩证地处理学生自主学习与教师指导的关系，强调教师要倾听学生的表达，重视学生的个人观念、独特的感受和体验，并引导学生积极反思。同时还特别强调学生之间的相互倾听、交流与合作。

## 二、探究式教学的基本内容

面对教学改革的实际需要，教师采用探究式教学被认为是课堂教学改革的理想选择。

### （一）探究式教学的内涵

探究式教学（inquiry teaching），又被称为发现法、研究法，是指学生在学习概念和原理时，教师仅提供一些事例和问题，让学生自己通过阅读、观察、实验、思考、讨论、听讲等途径去独立探究，自行发现并掌握相应的原理和结论的一种方法。它的指导思想是在教师的指导下，以学生为主体，让学生自觉地、主动地探索，掌握认识和解决问题的方法和步骤，研究客观事物的属性，发现事物发展的起因和事物内部的联系，从中找出规律，形成自己的概念。可见，在探究式教学的过程中，学生的主体地位、自主能力都得到了加强。探究式教学是以探究为基本特征的一种教学活动形式，它包含两层意思：第一层是"何为探究"，第二层是"何为探究式教学"。

在当今国际科学教育改革的热潮中，探究（inquiry）是出现频率最高的几个关键词之一。探究是求索知识或信息，特别是求真的活动，是搜寻、研究、调查、检验的活动，是质疑的活动。就其本意来说，探究是探讨和研究：探讨是探求学问、探求真理和探求本源；研究是研讨问题、追根求源和多方寻求答案,解决疑问。

探究式学习是指仿照科学研究的过程,学习科学内容,体验、理解和应用科学研究方法,获得科学研究能力的一种学习方式。探究式学习包括以下五个方面的活动:

第一,提出问题。学习者围绕科学问题展开探究活动。

第二,收集数据。学习者获取可以帮助他们解释和评价科学问题的证据。

第三,形成解释。学习者要根据事实证据形成解释,对科学问题做出回答。

第四,评价结果。学习者通过比较其他可能的解释,使解释和科学知识相联系。

第五,表达结果。学习者要阐述、论证和交流他们提出的解释。

以探究为基础的学习或者教学,是指学生通过自主参与,获得知识的一种积极的学习过程,让学生自己思考怎么做、做什么,而不是接受教师思考好的现成的结论。因此,探究式学习既是一种学习方式,也是外语教学的目标之一。探究式教学要求教师用理论指导实践,在实践的基础上再总结出新的理论,不断推动教学向前发展。它具体指教师引导学生,对相关的学习内容进行深入探讨,或对相关问题进行多方面的研究,以寻找答案、解决问题的过程和活动的方法。它的实施就是让学生以自主、能动的方式在学习过程中掌握知识、获得能力,习得科学的方法,养成科学态度和科学精神。因此,探究式教学的实质就是按提出科学结论和检验科学结论的结构方式去揭示科学结论,即要把所提出的观念和所进行的实验告诉学生,说明由此得到的资料,阐明把这些资料转化成科学知识的方法。

## (二)探究式教学的特征

### 1.注重从学生的已有经验出发

认知理论的研究表明,学生的学习不是从空白开始的,已有的经验会影响他们的学习状态。因此,教学只有从学生已有的知识和实际出发,才能激发学生的学习积极性和主观能动性,否则,就很难达到预期的教学目标。

### 2.培养学生的探究能力

在探究式教学中，教师不能把结论直接告诉学生，再通过演示实验或学生实验加以验证，而是要让学生通过多样的探究活动，如观察、调查、制作、收集资料等，亲自得出结论，让学生参与并体验知识的获取过程，建构起对新事物的新认识，培养科学探究的能力。通过多样、复杂的活动情境来获得知识的教学方法，可以使学生从多角度深入地理解知识，建立与知识间的联系，从而使他们在面对实际问题时，能更容易地激活知识，灵活地运用知识解决问题。这样能使学生积极主动地学习，真正激发学生学习的内在动机。

### 3.重视过程和结果

这一特征要求学生在教师的指导下，主动地研究事物和现象，经过探究过程来理解知识的内在联系，从而达到灵活掌握和运用知识的目的。此外，还需要教师把知识和科学方法有机结合，在学生掌握知识的基础上，通过观察、调查、假设、实验等多种形式的探究活动，让学生经历收集信息和分析信息的过程，从而获得探究结果，或制作出自己的作品，培养学生的科学态度和科学精神。

### 4.重视知识的运用

探究式教学的基本特点之一就是学以致用，发展学生运用知识解决实际问题的能力。探究式教学能综合提取知识，跨学科解决复杂的、综合的以及涉及知识面广的问题。在掌握知识、运用知识、解决问题的学习活动中，探究式教学能使学生更接近生活实际和社会实际，有利于培养学生的实践能力。

### 5.重视形成性评价和学生的自我评价

探究式教学的评价要求较高，它要求评价每一名学生理解了哪些概念、能否灵活地运用知识解决问题、能否提出问题、能否设计并实施探究计划、能否分析处理所搜集的数据和证据、能否判断出证据是支持还是反对自己提出的假设等。仅仅依靠终结性评价是难以达到这些要求的。探究式教学在重视并改进终结性评价的同时，重视对学生的形成性评价。例如，学生每天的笔记、撰写的报告、绘制的图表、针对某一问题所做出的解释,以及教师与学生面对面的交流等,教师可以通过这些了解学生对知识理解的深度、广度,以及科学推理的能力。此外,重视学生对自己学习过程的评价也是探究式教学评价的另一个特点。学生不断地对自己的探究学习进行评价,如检查采用的方法是否合适、解释是否得当、对知识的理解程度等,可以提高学生的学习效率,有利于学生达成学习目标。

**6.重视师生互动**

探究式教学的出发点就是发挥学生的主观能动性和创造力,以学生为中心,让学生自己去探究,自己去历练,积极地参与各种活动,从而获得知识。但学生的自主与教师的指导并不是非此即彼的关系,教师是在尊重学生选择的基础上进行指导,而学生则是在教师的指导下进行自主的探究,两者是一种互动和相互促进的关系。

### (三)探究式教学的意义

首先,探究式教学符合教学改革的实际,能满足改革者的心理需要。我国教学改革的宗旨主要有以下三点:

第一,打破传统教学中容易"束缚"学生"手脚"的一些做法。

第二,遵循现代化教育以人为本的观念,给学生的发展提供空间。

第三,根据教材提供的基本知识,把培养学生的创新精神和实践能力作为教学的重点。

做到这三点,改革才能取得实效。最终的实践成果会告诉每一位教育改革者——探究式教学是非常符合改革者的实际需要的。

其次,探究式教学能使班级教学更具活力。班级授课制有利有弊。在科学技术欠发达的情况下,班级授课制利大于弊;但在远程教育和网络教育发展的今天,班级授课制也许是弊大于利的。因为在班级授课制的教学背景下,教师想做到因材施教是具有一定难度的,学生的个性需求难以得到满足。实施探究式教学,一方面需要最大限度地减少教师的讲授,最大限度满足学生自主发展的需要；另一方面需要尽可能做到让学生在"活动"中学习、在"主动"中发展、在"合作"中成长、在"探究"中创新。

最后，探究式教学能破除"自我中心"，促进教师在探究中"自我发展"。在很大程度上，课堂教学改革的难度在教师身上，这是因为用现代教育理念去改造和战胜传统教育观念是一个艰难的过程。教师要改变自己，就要在实践探究中学习，总结自己的经验，学习别人的经验（包括向学生学习）。通过探究式教学，教师的角色会发生一个较大的转变，由过去的"台前"，走到现在的"幕后"，安排好适当的场景，当好一个"导演"，要激发学生的学习动机，使学生从观众变成实际的参与者。

## 三、探究式教学的理论基础

### （一）皮亚杰的认知发展理论

认知发展理论认为，个体的智慧和认识是在与环境相互作用的过程中发展的。皮亚杰认为，个体的发展既不是由客体决定的，也不是由主体预先设定的，而是主体与客体不断相互作用、逐渐构造的结果。学习的目的不是获得越来越多的外部信息，而是在与环境的相互作用中掌握解决问题的程序和方法。以皮亚杰的观点，学习是建构图式的过程，包含一连串的同化、顺应和平衡。他认为，儿童认知形成的过程是先出现一些由直觉产生的概念（并非最简单的概念），这些原始概念构成思维的基础，在此基础上经过综合加工，形成新的概念、建构新的结构，这种过程不断进行，就是儿童认知结构形成的主要方法。因此，儿童认知发展的过程是个体在连续不断地与环境交互作用、变化中，在同化和顺应的共同作用下，不断重建认知图示的过程。个体在面对一个新信息时，倾向于把它同化到已有的认知结构中，若同化成功，则可获得一种暂时性的平衡；当原有的认知结构无法同化新信息时，个体会修改或重建原有认知结构来适应环境，达到一种新的平衡。同化和顺应是一种双向的建构过程，不仅能使新信息获得意义，而且能丰富、改造或重组原有的认知结构。同时，它也是一种主动建构的过程，需要学习者积极参与建构，这种积极参与不是在形式上摆弄某些材料，而是在思维层面积极建构。探究式学习不是简单地通过实验操作或者各种动手活动验证教材上已有的结论，而是通过提出问题假设、查找资料、分析资料、形成结论、交流评价等一系列既开放又严谨的探索过程，使学生获得科学的概念，掌握研究的方法，培养科学的态度和素养。

## （二）布鲁纳的认知结构理论

布鲁纳的认知结构理论反映了美国心理学由行为主义向认知观转变，反映了皮亚杰、乔姆斯基等著名的结构主义者的思想精华。布鲁纳对皮亚杰的认知发展理论进行了深入研究，但他并没有停留在对儿童的智力和认识的描述性解释上，而是进一步提出了如何促进儿童智力发展的学习理论和教学理论。布鲁纳认为，学习的实质是一个人把同类事物联系起来，并把他们组成具有一定意义的结构，学习就是认知结构的组织和再组织的过程，知识的学习就是学生在头脑中形成各学科的知识结构。任何学科的学习，最终目的都是掌握这门学科的结构，这种具有层次结构性的知识可以通过编码系统或结构体系表现出来。布鲁纳认为，学生不是被动的知识接受者，而是积极的信息加工者，学习过程是一种主动发现的过程。虽然发现学习不是布鲁纳首创，但他从归纳推理和问题解决的角度，赋予发现学习以科学的理论基础，并对发现学习的行动、要素和步骤都进行了深入细致的探讨。他提出发现学习有以下几个步骤：

第一，提出明确使学生感兴趣的问题，激发他们的兴趣和好奇心。

第二，使学生感觉问题具有某种程度的不确定性，激发他们的探究欲望。

第三，提供解决问题的多种可能的假设，开阔学生的思路。

第四，协助学生收集与问题有关的资料，丰富学生的知识、经验。

第五，组织学生查找有关资料，从中推导出结论。

第六，引导学生运用分析思维去证实结论、解决问题。

## （三）理论简评

随着探究式学习及探究式教学理论基础相关讨论的日益深入，其哲学基础、社会学基础、心理学基础、历史学基础和教育学基础方面的讨论，愈发受到研究者们的关注。总而言之，关于探究式学习和探究式教学的理论基础比较薄弱，且主要集中在对心理学基础的研究。同时，近年来人们日益关注的建构主义学习理论，也受到了探究式教学领域的重视和认真研究，但对作为人们探讨科学探究的重要理论基础的其他领域，如科学史、科学哲学、教育学、科学知识社会学等的关注度还远远不够。从目前的研究状况来看，有关探究式学习和探究式教学的大量研究项目和成果，仍然主要集中在基本行动过程、操作步骤、方法技能等方面，对某些学科，尤其是对科学课程中的探究式学习和探究式教学，以及探究实践中的具体行为细节，缺乏心理机制的、上位的、一般性的研究。另外，也有不少学者对探究式学习及探究式教学的有效性的实证研究提出了疑问，认为大部分文献是引用别人的文献做论据的，缺乏实证研究数据，或者通过对不明确甚至是否定性的实证结果任意推论。由此可见，对探究式学习和探究式教学的研究和探讨在其理论基础、实证基础、实施及评价方面还有待进一步深入和明确。对探究式学习和探究式教学的研究，需要在继承前人经验的基础上，以探究式学习和教学的理论基础学科为依托，从学生知识建构的视角，以新的知识观与学习观为基础，抓住学生自主建构知识这一本质与核心，理论结合实际，把基础学科中最新的研究成果与实践中最新鲜的、最鲜活的探索与创新一并吸收到探究式学习与教学的研究中来。

## 四、探究式教学模式和方法

### (一)国外的探究式教学模式和方法

纵观国外的教学改革,关于探究式教学有以下几种较为普遍的教学模式:

#### 1.萨其曼探究教学模式

该方法通过观察、分析科学家的创造性探究活动,并结合教学法的因素概括而成。因此,它基本遵循着"问题—假设—验证结论"的程序。这种模式基本上再现了科学家进行探索的进程,对于提高学生的创造性思维能力、推理能力大有裨益。

#### 2.有结构的探究教学模式

有结构的探究是指探究教学时,教师向学生提供将要调查的问题、解决问题所要使用的方法和材料,但不提供预期的结果。学生要根据收集到的数据进行概括,发现某种联系,找到问题的答案。这种探究被称为一级水平的探究活动。

#### 3.指导型探究教学模式

指导型探究是指探究活动时只向学生提供需要调查的问题,有时也可能提供材料,学生必须自己对收集到的数据加以概括,弄清楚如何回答探究的问题。这种探究被称为二级水平的探究活动。

#### 4.自由探究教学模式

自由探究是指在探究教学时,学生必须独立完成所有的探究任务,当然也包括形成要调查研究的问题。从许多方面看,自由探究与科学探究相似。这种探究被称为三级水平的探究活动。

#### 5.学习环教学模式

学习环教学模式始于20世纪60年代,是一种颇具影响力的教学模式,被广泛地称作探究教学。该模式有三个阶段：

第一阶段为概念探讨阶段，让学生从事各种探索活动，从经验中产生新观念。

第二阶段为概念介绍阶段，让学生为新观点或新经历命名。

第三阶段为概念运用阶段，让学生把新观点运用到不同的背景中去。

此后，学习环模式进一步发展，形成了更完备、更符合学生认知特点的教学程序和策略——"5E"教学模式，即吸引（engagement）、探究（exploration）、解释（explanation）、迁移（elaboration）和评价（evaluation）。

## （二）国内的探究式教学模式和方法

上述五种教学模式为我国的教育教学带来了启示。由于分类标准不同，人们对探究式教学模式的划分也不尽相同。我国常用的探究式教学模式主要有自主探究、合作探究、情境探究、问题探究、实验探究、创新探究等。下面主要针对我国基础教育及英语学科教育的特点，详述几种较为实用的模式。

### 1.自主探究教学

自主探究教学就是引导学生自主学习，促使学生自觉地投入学习中，并独立思考，主动建构知识的教学模式。

（1）自主探究教学的主要特征

第一，教师是教学的主体，学生是学习的主体，教师和学生同为主体，形成了主体性和民主性的师生关系。

第二，注重教学过程的开放性和研发性，关注教学过程中学生主体意识的发挥，关注学生的创造力和创新意识，重视教师对学生的引导、启发，注重学生自主、能动地进行探究和发现。

第三，注重学生的参与性，提倡适度合作探究的辅助作用。

第四，要求问题设计的合理性和教学的有效性，提倡教学的多维互动性及教学方式的多样性。

（2）自主探究教学的操作思路

第一，要求教师做到明确学习目标，明确预习的价值、提纲及预习方法，要求教学具有整体性、灵活性、开放性。

第二，探究包括个人独探、同伴互探、小组齐探、全班共探等四个支点，教师要着重考虑如何监管学生活动、如何合理分组、如何指导学生。

第三，教师要通过分层运用、内外运用、反馈等支点，指导学生实现应用迁移。

第四，教师要注重发挥学生的主体作用，鼓励全体学生参与，给学生自主探究的权利，教学过程主要靠学生自己完成。

第五，教师是学生学习的促进者、参与者、指导者、引导者，必要时要与学生共同学习、共同探讨。

（3）自主探究教学易出现的问题及解决方法

第一，流于形式，缺少教师适当的指导，无法完成探究的任务。

第二，教师承揽探究，学生只是验证探究，无法提出问题，不会猜想，不能体验到探究的必要性和成功的乐趣。

第三，选材不当，缺乏探究意义。

第四，教师的任务布置不当，学生收集资料困难。

第五，教学时间安排不足，自主探究"走过场"。

第六，教师对课后探究指导不足，导致课后延伸草草收场。

针对以上在自主探究教学中易出现的问题，教师一定要根据教学需要和学生的实际情况，进行适时引导。可以采取以下措施：

第一，教师应该充分相信学生，促使学生主动参与，激励学生发挥主观能动作用，最大限度调动学生自主探究学习的积极性和主动性。

第二，教师要关注探究内容的适度性、可操作性和趣味性。

第三，教师应在课前向学生发布"导学学案"，让学生据此进行预习、寻找资料。

第四，教师要更新教育观念，充分相信学生，给予学生更多的自由支配时间。

第五，教师要及时介入学生的探究活动，成为他们中的一员，并对学生课后的探究做必要的指导。

### 2.合作探究教学

合作探究教学是指学生在教师的指导下，以4~6人混合编成小组，在一种积极互助的情境中，为达成共同的目标，分工合作，相互帮助，彼此指导，并以集体的成功为评价依据，最终促进个人发展的教学模式。

（1）合作探究教学的基本要素

第一，要让学生知道他们不仅要为自己的学习负责，而且还要为其所在小组的其他成员的学习负责，在探究过程中积极互助。

第二，小组中的每个成员都必须承担个人责任，尽量做好自己的本职工作。

第三，混合编组时，要尽量保证一个小组内的学生各具特色，能取长补短。

第四，学生的社交技能水平既是合作探究的结果，又是合作探究的前提。

第五，小组自评或团体反思能保证小组不断发展和进步。

（2）合作探究教学的操作思路

第一，合作设计要合理，应以合作、互动为特点。

第二，提前设定目标，为评价提供依据。

第三，通过自学、小组互助，促进集体成果的积累。

第四，自评与他评相结合。

（3）合作探究教学易出现的问题及解决方法

第一，问题设置太过简单，合作探究流于形式，失去了合作探究的意义。

第二，重探究，忽略总结。

第三，只注重表现突出的学生。

针对以上在合作探究教学中易出现的问题，可以采取以下措施：

第一，教师要做到提出的问题紧扣课堂讲授的重点、难点，问题要有启发性，充分调动学生合作学习的兴趣。

第二，教师要引导学生对答案进行总结，使讨论得出的答案统一。

第三，教师要对学生的心理进行辅导，让他们树立信心，提供有层次性的问题，使活动中稍显落后的学生也能回答，强调整体的进步，形成良好的帮扶氛围。

第四，在合作探究的评价中，教师要对不同发展水平的学生提出不同的要求，应关注每一位学生。

**3.情境探究教学**

情境探究教学是指在教学过程中，教师有目的地引入或创设具有一定情绪色彩的生动具体的场景，引起学生一定的情感体验，帮助学生理解文本，并使学生的心理机能得到发展的探究教学方式。

（1）情境探究教学的基本原则

第一，意识统一和智力统一原则，要求教师在教学中既要考虑如何使学生集中思维、培养其刻苦钻研的精神，又要考虑如何发挥情感、兴趣、愿望、动机、无意识潜能等智力活动的促进作用。

第二，轻松愉快的原则，要求教师在轻松愉快的情境或气氛中，引导学生提出各种问题，并展开自己的思维和想象，寻求答案，分辨正误。

第三，自主性原则，强调良好的师生关系和学生在教学中的主体地位。

（2）情境探究教学的操作思路

第一，借助实验创设情境，帮助学生将当前学习的知识与自己已经知道的事物相联系，建构起所学知识的系统。

第二，借助新旧知识的关系、矛盾，创设情境，让学生产生学习的欲望，从而形成积极的认知氛围和情感氛围。

第三，借助生活实例创设情境，让学生有真切的感受，以便引起学生的探究兴趣，激发其求知的欲望。

第四，运用实物、图画、表演、语言、故事等展现和创设情境。

（3）情境探究教学易出现的问题及解决方法

第一，易产生"花盆效应"，学生的学习能力在人为创设的典型性场景中发展比较顺利，但是脱离了该情境后，很可能出现回落的现象。

第二，由于情境教学过分强调情境功效，加之部分教师对课程整体性、意会性及模糊性等特点的重视程度不够，易出现"作秀"之嫌。

第三，由于情境教学强调人为创设情境，对教师的素质要求较高。例如，教师必须具备高超的语言表达能力，甚至要能歌善舞、能谈会唱。

针对以上在情境探究教学中易出现的问题，可以采取以下措施：

第一，教师必须熟练驾驭教材，准确把握学生心理特点、智能水平，熟悉他们的内心世界，并针对学生的特点，恰当地选择和运用科学手段、方法，以便结合教材创设情境。

第二，教师在运用情境教学法时，还应针对各学科特点，根据自身情况创设情境，并努力提高自身素质。

**4.问题探究教学**

问题探究教学是以问题为纽带，让学生在提出问题、分析问题、解决问题的探究过程中，建构知识体系、发展智力、提高能力的教学模式。

（1）问题探究教学的特点

第一，问题是教学的良好开端。

第二，从问题出发，培养学生的思维能力。

第三，教师不能单纯地做知识的传授者。

（2）问题探究教学的实施策略

第一，搭建民主平台，树立学生的主体意识。

第二，从多角度着手，培养学生的问题意识。

第三，改变备课模式，以问题为核心和主线。

第四，重组教学组织形式，创造更大的探究空间。

（3）问题探究教学的操作思路

第一，引发问题。教师根据学生要学习的知识点的内涵和外延，做好讲解者、促进者，要善于联系学生的知识水平、生活实际，创设模拟情境，引发一系列问题。

第二,组织探究。教师根据学生的心理特点、班级授课制的特点,进行组织、引导,让学生紧紧围绕提出的问题进行独立思考、体验感悟,获取感性认识,并与身边的同学及教师进行探讨交流,澄清认识。

第三,做出解释。教师要引导学生把通过感知获取的直观认识变得更有条理,抓住其本质属性,并纳入已有的知识体系,融入已有的认知结构中。

第四,运用深化。教师要让学生运用获取的知识解决具体问题,在解决问题的实践中,深刻体悟知识的内涵和外延,升华认识。

(4) 问题探究教学易出现的问题及解决方法

第一,问题设计的整体性不够。

第二,问题设计的层次性不强。

第三,问题设计的开放性不足。

针对以上在问题探究教学中易出现的问题,可以采取以下措施:

第一,教师在面对较复杂的问题时,应采取化整为零的设计方法,在把握总体目标的基础上,在设计问题时把总目标细分为一个个的小目标、一个个容易掌握的题目,让其形成问题链。

第二,问题的设计层层递进,以点带面,逐渐扩展和深入,使学生从一个个问题的解决过程中,有层次地掌握知识和技能。

第三,教师要从能够启发学生多角度、多元化的思考出发。要以学生为中心、教师为主导、兴趣为主线,统筹兼顾,让学生积极主动地探索和获取知识。

## 第三节 交际教学模式

### 一、交际教学模式产生的背景及其概念

交际教学模式的产生和发展与当时的社会背景有着密切的关系。20 世纪 60 年代，西方发达国家的经济迅速发展，在西欧国家，除了地区与地区之间的交往，一些发展中国家的劳动力也逐渐涌入市场。在这一过程中，语言方面的障碍成为人们沟通过程中的最大难题。尤其对于到发达国家寻求更好发展的那些人来说，尽管他们在国内学过一些外语，但这些外语知识无法让他们与当地人良好地沟通。在这样的情况下，人们急需一种行之有效的学习方法，帮助自己克服沟通困难。与此同时，在教育领域，所有的理论与实践的研究都归结到"交际能力"上，越来越多的人赞同从社会应用的角度学习和观察语言。由此，交际语言教学的思想开始传播，并被广泛应用。概括来说，交际教学就是以社会语言学和心理语言学理论为基础、以培养交际能力为目标、以交际功能为大纲的一种教学模式。由于交际教学模式非常重视交际过程，将其作为教学核心，在交际教学中，其目的是培养学生的交际能力，外语只是作为一种交际媒介起作用，因此交际教学模式的侧重点是如何有效利用外语完成交际任务，并不关注所述句子的结构是否完全正确。

### 二、交际教学模式的理论基础

#### （一）现代语言学习理论

现代语言学习理论认为，外语交际能力是习得、学得的产物。从本质上说，

外语交际能力是习得的。需要注意的是，习得和学得是不一样的，前者是指学习者在日常生活环境下获得经验，进而产生行为变化的过程；后者则是学习者在教育目标指引下获得经验，进而产生行为变化的过程。口语交际和读写活动不同，学习者不经过学得是无法认识文字、掌握读写能力的，但其很有可能善于口语交际，这完全是因为母语口语是习得活动。可以说，习得规律是学习主体在大量的口语活动中，通过大量的口语实践而获得的口语经验。一个人如果不与别人交流，不去进行任何口语交际实践，是不可能获得外语交际能力的，这就是外语交际能力的习得性。由此可见，外语交际能力的培养和提高应当遵循习得规律，让学生参与口语活动，在口语实践中取得口语经验。在此基础上，学生外语交际能力由习得变为学得，即在习得规律制约下学得。因此，在现代语言学习理论下，有效的语言学习不是教育传授性的，而是经历性的，学习过程是第一性的，学习内容是第二性的。

（二）交际语言教学理论

在乔姆斯基的语言能力学说的基础上，海姆斯提出了交际能力学说，并区分了"语言能力"和"语言使用"的概念。具体来说，语言能力指人们内在的语言知识，语言使用则指语言知识在具体情境中的实际应用。此后，考虑到语言使用中的社会文化因素，海姆斯又对这两个概念进行了深入研究，进一步指出"语言能力只是交际能力的一部分"。他认为，交际能力由以下四部分组成：

第一，形式是否可能。

第二，实际履行是否可行。

第三，具体语境中的话是否得体。

第四，实际上是否完成。

海姆斯的交际能力学说不仅包括了乔姆斯基的语言能力或语言的语法性，还包括可行性和恰当与否等这些在乔姆斯基语言学理论中属于语言行为范畴的概念。所以，拥有交际能力就是同时拥有语言知识和实际使用语言的能力。语言熟练程度测试不应只局限在语言的语法项目上，还应包括语言功能项目。

依据海姆斯的观点,可以从以下五个维度论述学习者应具备的交际能力:

第一,语言维度。

第二,信道维度。

第三,编码维度。

第四,话题维度。

第五,情境维度。

## 三、交际教学模式的应用

### (一)设计交际活动

在交际教学模式的课堂环境下,教师应设计强调语言功能特点的交际活动。这类活动的目的是鼓励学生尽可能依靠自身已经建立的知识体系顺利完成交际,如解决问题或交换信息等。几种具有功能交际特征的活动如下:

第一,描述活动。在教学过程中,教师可让学生描述具体的事物或者现象,这就是描述活动。描述活动的目的是促使学生学会如何以段落的形式运用和理解目的语。描述活动还能够锻炼学生的逻辑思维能力,从而帮助学生更好地完成交际。

第二,简短对话。活动交际能力的发展在很大程度上取决于学生进行简短对话的能力,涉及的话题有很多,如天气、赛事、度假、交通状况等。虽然从表面上看,这些简短的对话是没有任何意义的,但它们对创造社交氛围起着至关重要的作用。因此,教师应引导学生掌握基本的简短对话技巧。对话可以在两个人之间进行,也可以在多人中进行;所谈论的话题可以是一个,也可以随时转换,不过都应以简短为宜。

第三,角色扮演活动。由于课堂的时间非常有限,因此角色扮演或者模仿活动就成了教师创建多元化社会语境、反映更加多样化社会关系的重要技巧。为此,教师可以设计一些与社会交往相关的场景,如学校、家庭、朋友见面等场景，也可以设计一些学生暂时用不到、但以后会用到的场景，如订酒店、订饭馆等场景。总之，活动的设计可以从简单的交际事件延伸到较复杂的交际事件。

### （二）培养学生的社会交往活动能力

为学习者设计的交际活动不仅应该具有功能特征，还应该具有社会特征。衡量交际成功与否的重要标尺有两个：一是语言表达功能是否有效，二是所选择的语言形式是否得体和可接受。也就是说，当课堂交际活动与课外的社会交往活动相结合时，语言就有了功能性，而且是一种社会行为方式。该项活动设计主要包括以下几种：

#### 1.借助提示信息来完成

当只有一位学生作为交际者得到详细的提示信息，而另外一位或者几位交际者得到的信息只能满足为其提供必要的回答时，教师就可以帮助学生创建灵活的交流框架。例如，在预订酒店的活动中，教师可以让两位学生分别扮演店主和客人，而这二者之间的交际活动的结果取决于客人所说的内容，因为其在交流过程中必然会提出各种要求和问题，而酒店的老板则需要对客人的要求或问题进行一一解答。可见，这一类交际活动更适用于两位有着明显语言差异的学生。

#### 2.借助提示性对话来完成

借助提示性对话完成的交际活动是一种比较简单的角色扮演活动。举个例子，教师可以设计一些具有不同提示内容的卡片，并将这些卡片给学生 A 和学生 B，让他们呈现现实交际过程中的不确定性或者自发性的特点。在这一交际过程中，学生 A 必须倾听学生 B 的语言信息，这样才能清楚如何对答。一般情况下，学生根据所得到的提示信息，在很大程度上能够预测到另一位交际者将要传达的信息，并以此来确定应对的大致内容，这样也就减少了一些交际水平偏低的学生的困难。

### 3.借助交际情境和交际目标来完成

借助交际情境和交际目标来完成的交际活动是一种比较高层次的角色扮演活动。在这一活动中，教师可以让学生使用某些信息提示，但是会减弱学生想要表达自己思想的程度。在活动开始时，学生仅对交往活动的目的和内容有一个大体的了解，随着活动的正式展开，他们需要不断进行协商，对另一位交际者的问题进行自发的回答。

### （三）评价交际能力

在设计完交际活动并由学生进行实践之后，就要对学生交际能力进行评价。由于交际活动具有功能性和社会性的特点，因此其评价也具有功能性和社会性的特点。需要注意的是，不能将功能与社会这两个因素完全分割开来，而应该将二者统一融入对学生总体交际能力的评价中。

#### 1.对目的语得体性运用的评价

对目的语得体性运用的评价主要包含以下两个方面：

第一，目的语文化背景知识影响着交际话题选择的得体性。由于文化背景不同，在实际交际过程中，常常存在在一种文化背景下被认为是隐私的话题，却在另一种文化背景下被认为是可以随意讨论的问题。例如，中国人之间见面一般会问"多大了""去哪儿"等问题，这在中国人看来是习以为常的，但是不能被西方人接受。西方人不会询问别人买的东西的价格；见到别人离开或者回来，也不会问"去哪儿"或者"从哪里来"，因为他们认为这些都是个人的隐私，无论是长辈还是上司，都是无权过问的。如果一个中国人问一个外国人"Are you married?""How old are you?""Where are you going?"等，就会被视为违反英美文化中的言语行为准则。

第二，对目的语的使用是否恰当是受到交际者之间的关系和发生的场景影响的。例如，"What's your name?"这句话的表达是没有错误的，但是在打电话时不能这样问，因为这样问就违背了语言的得体性原则，恰当的说法应该是

"May I know who is calling?"。

## 2.对文化背景知识掌握的评价

教师在培养学生的交际能力时,也需要培养学生的文化背景知识。保证对目的语使用得恰当、得体的关键,在于对目的语民族的社会文化、风俗习惯、价值观念等层面的了解。因此,在交际过程中,教师应该帮助学生积累和掌握一些常用的文化背景知识及基本的规则。在考查和评价学生对文化背景知识的掌握情况时,教师可以将一些文化误解或者文化错位的例子展示给学生,让学生对这些现象进行判断并予以纠正。在这一过程中,教师可以判断出学生对文化背景知识的掌握程度,并及时调整教学内容,从而引导学生掌握目的语文化背景下的社会交往技巧。同时,教师可以对中西方文化进行比较,帮助学生更好地进行交际。

## 3.对约定俗成语言形式掌握的评价

任何一种语言都包含大量约定俗成的语言形式和用法。如果学生对这些约定俗成的语言形式和用法缺乏一定的了解和掌握,那么在实际交际过程中就很容易出现尴尬的局面。例如,在告知时间时,英语中常用"It's twenty to three.",而不能用"It's three minus twenty."。再如,在问候别人时,英语中常用"How are you?",而不能用"Are you well?"这一表达方式。在交际语篇的其他方面也体现出语言约定俗成的特点。

固定套语:有些约定俗成的形式仅用于某些特殊场合,如"Check,please."这一固定表达方式仅在饭店结账时使用。

礼仪套语:在礼仪交往中必须使用一些约定俗成的短语,如请客人先行进入房间时要说"After you.",当偶遇一位很久不见的朋友时要说"How nice to see you."。

固定句型:约定俗成的语言形式可以延伸到更为广阔的领域,这些语句在实际的语篇中并非独立的,而是作为完整的语言单位存在于学生的大脑之中,并会在语言输出时使用。例子如下:

Have a seat.

Seen any good films lately?

You're looking very well. Nice to meet you.

Don't worry about it.

How are you?

We must get together again.

May I know who's calling?

Have some more.

I'll be with you in a minute.

What a shame!

在英语中，有成千上万的类似上述表达的形式，这些表达需要与特定的场景结合在一起。学生掌握这些固定形式有助于交际策略的发展，弥补目的语知识的不足。

# 第四节 情境教学模式

## 一、情境教学法的定义与特点

20 世纪初期到 20 世纪 70 年代，国际形势风云变幻，社会发展步伐加快，英语人才的需求也越来越大，尤其是 20 世纪中叶以后，英语显得越来越重要。在 20 世纪 40 年代，美国迫切需要在短时间内培养出大批会说外语的人才，加上受到结构主义语言学和行为主义心理学的影响，听说法产生了，并在 20 世纪 50 年代风行西方各国。听说法的倡导者根据结构主义语言学"语言是言语，不是文字""语言是结构模式的体系"等理论,提出"以口语为中心,以句型或结构为纲"的听说法的主张,教材用会话形式表述,强调模仿、强记固定短语并大量重复,极其重视语音的正确,尤其强调语调训练,广泛利用对比法,在对比分析母语与外语的基础上学习外语,并在教学中有针对性地解决学习难点。倡导听说法的学者把语言结构分析的研究成果运用到外语教学中,使教材的编写和教学过程的安排具有科学的依据。这对提高外语教学的效果、加快外语教学的进程无疑是一个进步。

正当美国盛行听说法时,英国应用语言学家和外语教师们设计并运用了一种新的外语教学法——情境教学法,它与听说法并驾齐驱。情境教学法主张听说训练必须同一定的情境结合,在某一情境基础上进行,它的典型教材是《新概念英语》。情境教学法是直接法、听说法的发展。

从狭义的角度来讲,情境教学法是指传统外语教学流派中以口语为主的情境教学法,是在直接法和听说法的基础上,利用视听手段形成的教学法。这种方法以情境为中心,以整体为基础,充分利用视听手段,培养学生的听说能力。从广义的角度来讲,情境教学法还包含了在情境学习理论基础上产生的情境学习法。情境学习是由美国研究者提出的一种学习方式,他们认为,知识具有情境性和情境学习模型。知识是活动、情境和文化的一部分,知识正是在活动中不断被运用而发展的。他们提出了著名的"合法的边缘性参与"(legitimate peripheral participation),认为学习通常是与其所发生的活动和文化联系在一起的。这些观点被后来的研究者们广泛引用,成为情境认知与学习理论研究领域中的开创与指导性原则。

### (一)情境教学模式的定义

学者章兼中认为,情境指对学习新的语言知识、技能,和听、说、读、写能力产生影响的各种环境。情境是情况、环境,是由外界景物、事件和人物等因素构成的某种具体的教育境地,包含各种形象化的典型的教育现象。情境可以利用文字、音像等多媒体的方式表示教育行为的诸多因素的运行。其中主要因素是：教师、学生、教育中介、要素间的联系、实施教育的过程、时间、地点。"情境教学"之"情境"实质上是人为优化的情境，是促使学生能动地活动于其中的环境，是一个师生互动的广阔空间。它将教育、教学内容镶嵌在一个多姿多彩的大背景中，为学生的发展提供一个丰富且优质的环境。确切地讲，情境教学就是通过设计出一些真实性和准真实性的具体场合的情形和景象，为外语教学提供充足的实例，并活化所教的语言知识。这种情境的生动性与形象性，有助于学生把知识融于生动的情境之中，提高学生的学习兴趣，改变英语教学枯燥无味的局面。创设的情境越活泼生动、准确，学生就越能理解所传递的信息，触景生情，激活思维，激发表达思想的欲望。情境可以分为现实情境、回忆情境、联想情境，以及情境的转换与交叉等。"语言是根据言语背景和上下文来寻求意义的。"根据这一观点，语言与文化背景、社会环境相连。情境教学法把简短的情境对话当成语言的基本单位，使新的语言结构出现在相关的语境之中。句型练习和记忆也是教学手段的一部分，但这些练习取之于一定的情境，这些情境是根据学生的需要而定的。因此，情境教学法就是在教学中，教育者根据教学目标的需要，创设具体生动的、有联系的场景，利用具体的形象或根据语言描述，使受教育者在头脑中形成表象，从而有效地调动受教育者的非智力因素，激发他们的学习热情，从而引导他们从整体上理解和运用语言的一种教学方法。

## （二）情境教学模式的特点

情境教学模式强调学习情境的重要性，重视主动探索、操作和经验学习，强调学习活动的真实性、交际性、趣味性和创造性。

### 1.真实性

创设情境要从符合学生日常认知的真实的活动着手，不能与学生生活经验相差太远。只有真实、贴切的情境才能迅速、有效地激活学生原有的认知结构，使学生建立起新旧知识之间的联系。所谓情境的真实性，是指学习任务发生的情境与知识技能被运用的实际情境相联系的程度。教师在课堂教学中应创设接近真实的情境、真实的任务和学习领域内的一些日常的活动或实践，帮助学生用真实的方式来应用所学的知识。创设的情境越真实，学习建构的知识就越可靠，越容易在真实的情境中得以运用。

2. 交际性

语言是一种交际工具，外语教学要培养学生使用这种交际工具的能力。因此，情境要有交际性，只有这样才能培养学生使用语言进行交际的能力。交际能力是指一个人与别人进行语言交际的能力，他不但要具备造出合乎语法的句子的能力，还要具备根据场合、时机和对象来使用这些句子的能力。教师在课堂上要有意识地提供给学生不同片段的信息，创设交际双方都不知道对方所用语言信息的情境，即制造信息差；学生则通过交流搭起沟通信息的桥梁，以完成共同的任务。如果课堂教学中的情境交际活动没有语言信息差，学生就没有必要通过语言来完成交流，学生所说的语言也失去了交际意义，这种情境交际活动就成为简单的背句型或造句活动。

3. 趣味性

学习过程是智力因素和非智力因素共同参与的过程。智力因素即人的认识能力，包括记忆力、观察力、思维能力、想象力等。非智力因素是指智力因素以外的一切心理因素，包括意志、情感、兴趣、注意等。兴趣是学习语言的内驱力，学生是否对语言持有学习兴趣直接影响其语言的掌握程度。然而，学生对语言学习兴趣的差异并不完全是天生的，后天的教育对学生语言学习的兴趣也有很大的影响。因此，教师在设计外语教学情境时应该考虑到情境的趣味性，充分调动学生在学习过程中的热情和兴趣，使其积极的学习行为高效地持续下去。

4. 创造性

学习者应具备在一定目标的要求下，运用已有的知识，灵活创造出新的语言表达形式的能力。在外语教学中，如果情境的创设只是简单地模仿和读、背句型，则无法培养学生的语言创造能力。因此，教师应该挖掘课文内涵，设计有意义、有任务、有要求的合理情境,让学生充分发挥其想象力和创造力;还可以让学生自己创设一些情境,培养学生的创新意识。

## 二、情境教学法的理论基础

### (一)图式理论

图式理论(Schema Theory)是认知心理学家们用以解释、理解心理过程的一种理论。所谓图式是指人们在理解新事物的过程中,从大脑中提取的先前获得的知识结构。英国心理学家巴特利特(Frederic Charles Bartlett)和美国人工智能专家鲁梅哈特(D.E.Rumelhart)完善和发展了这一理论。巴特利特在其专著中指出,图式是一个人在理解和记忆的过程中表现出的以往的经验和知识。鲁梅哈特则认为,图式是大脑中存储的一种对对象、事件、状况的表征形式。可以这样说,人们所拥有的图式是人们所拥有的个人经验、事件知识或已学过的知识等。图式是理解文本所需要的背景知识,人们拥有的背景知识越丰富,大脑中建立的图式就越多;图式越多,就越容易理解新输入的信息。人们头脑中储存着各式各样的图式,包括事物、事件、场景、活动等。因此,当图式表示一种场景(如去看电影、修理汽车、买杂货、洗衣服等),大脑中与该场景相联系的一连串已有的事件知识和特征就会被激活。图式理论认为,人们在理解和接受新输入的信息时,需要将新输入的信息和大脑中已有的、与该信息相关的知识及过去的经验(即背景知识)联系起来。而且,人们吸收、理解新输入的信息材料的程度,取决于头脑中已储存的图式,新输入的信息材料必须与这些图式相吻合。因此,教师可利用图式理论指导课堂教学,根据话题设置恰当的、真实的语言交际情境,激活和调动学生头脑中已有的图式,让学生明白所谈论的话题,熟悉、理解所学新语言的形式与功能,达到让学生真正用语言进行交际的目的。

## （二）情境认知理论

情境认知理论是情境教学法的理论基础之一。该理论提出，个体的情感对认识活动至少有动力、强化、调节三个方面的功能。动力功能是指情感对认识活动的增力或减力的效能，即积极的、健康的情感对认识活动起积极的促进作用；消极的、不健康的情绪对认知活动起阻碍或抑制作用。情感的调节功能对认知活动具有组织或瓦解作用。情境教学法就是要在教学过程中引起学生积极的情感体验，直接提高学生对学习的积极性。

情境认知理论认为，所有的知识都和语言一样，其组成部分都是世界的索引。知识蕴涵于真实的活动和情境中，并且只有在运用的过程中才能被完全理解。因而，只有在丰富的社会真实情境中运用知识，人们才能真正理解它的内涵，并正确、灵活地使用它。知识是活动背景和文化产品的一部分，它正是在活动中、在丰富的情境和文化中不断地得到运用和发展。因此，学习要在一定的情境中发生才会有效，这样的学习有利于提高学生解决问题的能力，脱离了情境则无法收到如此的效果。由此看来，真实活动是学习者进行有意义、有目的学习的重要途径。情境认知理论产生于 20 世纪 80 年代末，作为认知学习理论的重要组成部分，它已成为一种能提供有意义学习并促进知识向真实生活情境转化的重要学习理论。

## （三）认知—发现学习理论

认知—发现学习理论的观点认为，学习并不是在外部环境的支配下被动地形成刺激—反应联结，而是主动地在头脑内部构造认知结构；学习并不是通过练习与强化形成反应习惯，而是通过顿悟与理解获得期待。当前的学习依赖于长时记忆系统中的认知结构和当前的刺激情境，学习受主体的预期所引导，而不是受习惯所支配。布鲁纳反对以强化为主的程序教学，认为这样只会导致学生死记硬背，而不能保证学生在另一种情境中运用这些知识。他主张发现的学习方式，其理论通常被称为认知—发现学习说或认知—结构教学观。根据布鲁纳的认知学习观,学习的实质是主动地形成认知结构。所谓认知结构即编码系统,其主要成分是"一套感知的类目",学习就是形成类目及其编码系统。布鲁纳主张,应当给学生提供具体的东西,以便他们"发现"自己的编码系统。因此,教学不应使学生处于被动地接受知识的状态,而应让学生自己整理事物,使自己成为发现者。由此可见,学生是教学过程中的一个积极的探究者,教师应向学生提供材料,让学生亲自发现应得的结论或规律,使学生成为发现者。教师的作用就在于帮助学生创设一种能够独立探究的情境,而不是提供现成的知识。

## (四)建构主义理论

建构主义理论是行为主义发展到认知主义以后的进一步发展。建构主义理论教学观认为,教学不是简单的知识传递,而是知识的处理和转换。教师不应该只是知识的呈现者,还应该重视学生自己对各种现象的理解,倾听他们的看法,针对某些问题与他们共同探索。因此,教师是教学过程的组织者、指导者,意义建构的帮助者、促进者,而不是指挥者。建构主义认识论强调,知识是在个体与环境相互作用的过程中建构起来的,知识与经验是双向建构的。学习不是由教师向学生传递知识,而是由学生建构自己的知识。学生不是被动的信息吸收者,而是意义的主动建构者,这种建构不可能由其他人代替。这意味着学生的学习是主动的,学生要对外部信息进行主动的选择和加工,以自己原有的经验系统为基础,对新的信息进行编码,形成自己的理解。学习不是简单的信息积累,而是新旧经验之间双向的相互作用的过程。在教学过程中,教师可以通过各种学习条件,如会话、协作等,帮助学生对所学知识进行建构。知识在各种情况下的应用并不是简单套用,不同情境有具体的特异性。所以,学生不能只满足于掌握知识,而是需要不断地深化学到的知识,把握它在具体情境中的复杂变化。根据建构主义理论,教师的教学应由"知识传授型"向"综合思维能力训练型"转变,创建与当前学习内容相关的、尽可能真实的情境,利用生动、直观的形象,充分调动学生大脑原有的相关经验与新知识之间的连接。

在这个过程中，学生完成对问题的理解、知识的应用和意义的建构。

（五）理论简评

情境学习理论的出现时间虽不长，但已对教学理论和实践产生了重要影响。情境学习理论研究者提出的一系列新观点，如真实情境、学习共同体、社会共享、合法的边缘参与等思想，都为理解学习的社会性提供了新的理论视角，从而深化了学习理论研究的领域。

诚然，情境学习理论也有其局限性。例如，过于真实的情境是否有利于元认知技能、创造技能等高层次认知技能的学习还有待确认。虽然参与复杂的真实问题的解决有助于学生实践能力的提高，但由于学生在经验、动机水平、认知等方面的差异，并非所有学生都能从中获得最大的学习效益。另外，使用这种理论指导教学可能会花费较多的时间和资源，教学效率和教学效能之间的平衡问题也是必须考虑的。

## 三、情境教学法的原则和应用

（一）情境教学法的基本原则

教师在教学中创设真实情境，能为学生创造积极的情绪体验，使语言学习变得轻松快乐。情境教学法基于对人类认知和学习行为的根本规律的了解，使语言学习形式丰富多样，如果操作得当，学生的积极性会得到很大提高，从而提升语言学习的效率。但是，它同时也对教师的教学管理技能、资源搜索技能、多媒体使用技能，以及知识面和实践经验等提出了较高要求。而且，一旦使用不当，教学内容容易沦为教学工具的附庸，使教学的有效性大大降低。因此，应用情境教学法需遵守以下几个基本原则：

**1.系统性原则**

第一，在语言知识的安排上，要具有系统性和科学性。一般需要从口语开始学习，然后再学习书面材料。

第二，课堂上用外语教学，但并不完全排斥母语。

第三，新的语言知识点应通过情境介绍出来，并进行操练。

第四，在词汇教学方面，应选教最常用的单词，以此为核心，再逐步扩大词汇量。

第五，由简入繁地介绍语法项目，用归纳法教语法。

第六，合理地安排听、说、读、写的教学顺序。听力训练一段时间后再开始"说"的阶段，在口语有了相当的基础后，再依次进行"读"和"写"。

**2.参与性原则**

在课程教学中，要充分鼓励学生在情境中参与，在实践中感悟。情境教学的核心就是设计戏剧性、幽默、激情、多样的学习情境，而这些情境需要每一个学生的充分参与；情境教学的另一个重要特征是重视引导学生学习生活知识，运用知识解决生活中的实际问题，注重联系生活实际唤起学生的生活经历。在教学过程中需要重视学生的内心体验与感受，保证学生在行为和情感上实现双重的"参与"。

**3.情境优先原则**

教师应当把情境创设放在优先地位，先让学生观察情境，然后再让学生进行听音、仿说等练习，从而帮助学生更快地感知和理解新的语言材料。利用生动、直观的形象，充分调动学生大脑原有的相关经验与新知识之间的联系，熟悉、理解所学新语言的形式与功能。

**4.可操作性原则**

情境设置应方便实用，具有灵活性与开放性，多组织学生活动而不是单一地呈现知识，避免过度依赖多媒体造成教学障碍。同时，情境的创设需生动直观，避免与学生的认知能力相脱节而造成误解。

### （二）创设情境的方法

#### 1.利用具体实物

具体实物主要指生活中常用的各类物件，这是创设情境最直接、经济、有效的手段。具体实物所创设的情境更生动、更形象，可以立即引起学生的注意，激发学生的学习兴趣。教师通过实物演示情境，能使学生边学习边体会所学知识在实际生活中的应用，同时还能培养学生直接使用外语思维的习惯。例如，在英语课堂上，教师在讲授"问路"主题时，可以利用教室的课桌作为直观教具，有序排列课桌，中间留出适当距离作为街道、社区，然后让学生把课前自制的写有"school""hospital""toilet"等字样的卡片放在课桌上，注明距离，表示各建筑物所处的位置，形成某个建筑群的模拟情境，再让学生练习向陌生人问路的对话。在这种情境中，学生能直观地理解向左转、向右转、直行等，并且了解中西方在交通规则等方面的文化差异。同时，学生的责任感、道德感与合作意识也得到了强化。

#### 2.利用语言描述

用具体实物、简笔画等创设的情境是一种客观的情境，主要用于外语教学的初始阶段。它通过刺激学生的感官，帮助学生感知、理解教学内容，但它不利于培养学生的抽象思维能力。用语言描述情境恰好可以弥补这方面的不足。在学生积累了一定的词汇和语法知识后，再应用语言描述情境，效果会更好。语言描述情境可以培养学生的想象力、抽象思维能力，它可以用于语言输入阶段和输出阶段。例如，在语言输入阶段，教师可以把教学的词汇编成一个故事，讲给学生听，学生根据教师的描述在脑海里勾勒出情境，并感知新的语言知识；在语言输出阶段，可以让学生根据所学的词汇或语法编故事、对话或短剧，由此可以锻炼学生的思维能力。

### 3.运用多媒体教学手段

多媒体教学是以计算机为中心，将声像处理技术、视听技术与课堂教学进行合理的结合，它是实现优化课堂教学过程的途径之一。多媒体教学突破了传统教学模式的束缚，以现代化的手段，运用文字、图像、视频、声音等，营造教学氛围，传递新知识，起到提高教学质量、激发学习兴趣和创新思维、开阔学生视野等多重作用。多媒体教学的优势在于有利于激发学生的学习兴趣，有利于创设良好的语言环境，有利于优化课堂教学。例如，在英语课堂上，对于"一般过去式"的学习，教师可以用英文歌曲 Yesterday Once More 引出教学内容。对于歌曲中歌词的内容与真正含义，并不要求所有的学生都能领会，因为这不会影响他们对音乐的模仿。此时，教师抓住合适的契机展开对"一般过去式"语法的呈现。在活跃的气氛中，学生对"一般过去式"知识点的理解在歌曲与问答中加深，这就为进一步的深入学习"一般过去式"奠定了良好的基础。

### 4.运用体态语

体态语是指人在交往过程中，用于传递信息、表示态度的非语言的特定身体姿态。这种特定的身体姿态既可以支持、修饰或否定言语行为，又可以部分地代替言语行为，发挥独立的表达功能，还能表达言语行为难以表达的情感和态度。体态语的特点之一是辅助性，可以以表情及身体其他有关部位的姿态为手段，起到交流的作用。例如，面部表情可以表达愉快、兴奋、惊奇、厌恶、愤怒、恐惧等情感。

### 5.运用表演法

表演法是一种形象化的教学艺术，可由教师示范，为学生提供正确的学习范例，再由学生表演，巩固所学内容。教师示范既可生动演绎教学内容，也会给学生带来极大的鼓舞。在学生表演的过程中，教师也应该积极参与其中，可以充当导演、评委，或其中的一个角色。学生在表演前要明确表演的目的和任务，这样才能更好地为教学服务。通过表演，抽象的语法会变得生动，学生也能在欢乐、活跃的氛围中学习语法。

### 6.做游戏

游戏是一种娱乐活动，经常被应用在外语教学中。游戏通常能引起学生的兴趣，创造出一种轻松、快乐的气氛。游戏既满足了学生"玩"的需求，又能让学生在不知不觉中学习语言知识、掌握语言技能，也就是在"玩中学，学中玩"。在游戏活动中，学生活跃了思维，增强了自信心，培养了积极向上的情感。游戏应具有趣味性、知识性和灵活性，符合学生的心理发展特点。游戏的形式要灵活多样，教师要针对不同的语言知识设计出不同的游戏形式，使学生不断产生新鲜感，积极参与到游戏中，进而获得语言知识。

## （三）情境教学的一般程序

### 1.情境导入

这是学生接触新的语言材料的阶段，也是语言学习的输入期。教师可通过呈现实物、图片及投影等方式创设静态情境，帮助学生理解新词语和句型，建立形、音、义的联系，实践活动以听音、仿说为主。

### 2.情境操练

这是学生对语言材料的练习阶段，也是语言学习的半输入半输出期。在这个阶段，教师可通过录像、体态语等方式创设动态情境，让学生做机械性或替代性练习，让新的语言知识得以巩固。

### 3.情境运用

这是学生对语言材料的活用阶段，是学生交际能力的形成阶段，也是语言学习的输出期，教师可以通过创设故事性情境，如角色扮演、小品表演等，培养学生灵活运用语言的能力。

## （四）教师在情境教学法中的作用

在情境教学法中，教师的作用主要有以下三种：

## 1.示范作用

演示目标结构所使用的语境并提供例句,让学生模仿。

## 2.协调指挥作用

教师就像一个乐队的指挥,通过提问、命令和其他方式,引导学生正确回答问题。因此,在情境教学法中,教师起着主导作用,由教师决定教学的难度和进度。

## 3.监督作用

在学生操练的过程中,教师应随时留意学生的语法和结构错误,以便在以后的课堂中作为要点进行讲解。

# 四、我国常用的情境教学法

很长一段时间里,在我国外语教学中占主导地位的是比较传统的语法翻译法,该法的特点是以教师的讲解为主,学生处在被动接受的地位。显然,这种教学方法不利于培养学生的兴趣,也不利于调动学生的积极性。目前,情境教学法还不能作为一种独立的教学操作模式,但情境教学法日益受到重视,并逐渐被应用到外语教学实践中,取得了良好成效。下面简略介绍一些我国广泛使用的情境教学方法。

## (一)"五因素十字"教学法

我国学者章兼中提炼出"五因素十字"教学法,为情境教学法在中国的发展做出了巨大的贡献。所谓"五因素十字",即"情境、情意、结构、交际、策略"。该教学法强调,让学生怀着轻松、愉悦的情感,抱有勇于克服困难的意志,在情境中掌握词汇和句型结构。章兼中认为,外语教学的成功,在内驱力方面离不开情感与意志的激励,在外显活动方面离不了在一定情境中进行交际。这里的情境有两个方面：一是指人们创设的模拟情境和少量的外语教学真实情境；二是指在情境中初步理解外语（或课文）的意义，进行外语意义性的操练，为进一步进行句型操练、理解抽象规则做准备。情境创设的方法很多，章兼中提供了常用的、较易操作的几种方法：体态语、实物和图形、声像直观（声音直观与实物直观相结合）、社会自然的情境、言语描述情境等。

## （二）五步教学法

情境教学法从 20 世纪 90 年代开始在我国中小学英语教学中被广泛运用，我国义务教育阶段教材提倡的五步教学法，实际上就是在情境教学基础上发展起来的。五步是指复习、呈现、操练、练习、巩固等五个环节。

### 1.复习

学生应对以前学过，同时又和本节课知识相关的重点知识进行复习。复习作为一堂课的开头，是非常重要的，关系到整堂课的效果。教师要让学生意识到已经上课了，应当调整好状态投入学习中，让学生达到精神饱满的状态，把学生们的积极性调动起来，使他们积极参与课堂教学活动。

### 2.呈现

知识的呈现是学生对所学知识的认知、感知的阶段，新的知识信息进入学生的短时记忆，激活了长时记忆，建构起新的语言意义。

### 3.操练

操练即介绍完新知识后，教师应及时创设情境让学生有目的地进行操练。五步教学法的中心环节便是操练，教师应指导学生进行操练活动，使学生积极参与课上的各种活动。活动中，教师应要求每名学生都能动脑、动口、动手。操练活动要多样化、趣味化，使大多数学生乐于学外语，在学习过程中表现出学习积极性。

### 4.练习

根据课堂上所学的知识，有针对性地创设学习情境，如角色扮演、小品表演等，培养学生灵活运用语言的能力，锻炼学生的交际能力。

### 5.巩固

教师可以引导学生开展形式多样的小组合作活动，进一步巩固所学知识。

# 参考文献

[1]刘雪薇.大学英语课程中文化教学的问题与对策研究[D].哈尔滨：哈尔滨师范大学，2016.

[2]魏泓.论大学英语的跨文化教学：目标、问题、对策[J].湖北经济学院学报（人文社会科学版），2020，17（10）：157-160.

[3]樊荣.语言推广与文化融合问题研究：以新加坡华文教育为例[D].长春：东北师范大学，2012.

[4]刘俊，杨芳，郭红霞."互联网+教育"时代语言知识建构和体验式学习：以"情景再现合作学习"外语教学模式实践为例[J].南方职业教育学刊，2017，7（05）：77-81.

[5]洪卫.高校外语课堂中PPT课件依赖问题的分析与思考[J].外语电化教学，2012（06）：76-80.

[6]岳岩峰.外语读写课件课堂认知效果的视觉隐喻强化作用[J].辽宁科技大学学报，2013，36（05）：511-515.

[7]岳长青，孔健.基于多媒体设计的外语教学研究：评《外语教学中的多媒体课件设计》[J].实验技术与管理，2019，36（07）：7.

[8]张夏.基于投入学习理论的计算机辅助外语翻译教学模式初探[J].海外英语，2020（15）：83-84.

[9]冯源.跨文化交际能力培养与双语教育[J].跨文化研究论丛,2019,1(02)：24-32+150.

[10]郜茜.英汉语法的中西思维角度审视[J].科学中国人，2014（24）：127.

[11]张磊.基于语料库的语言教学模式探析[J].时代文学（下半月），2008（09）：56.

[12]姚剑鹏.语料库研究与语言教学[J].全球教育展望，2005,34（12）：51-53.

[13]刘健.外语教学模式探究："翻转课堂"与"数字化语言教学"的有机融合[J].海外英语，2022（16）：139-140+167.

[14]张志国.课程思政理念下的高校外语教学模式构建研究[J].科学咨询（科技·管理），2022（12）：232-234.

[15]张雨晴.论建构主义学习理论在高校外语教学中的应用研究[J].英语广场，2021（35）：125-127.

[16]傅萍.高校外语课堂思辨文化构建研究[J].外语界，2021（06）：46-53.

[17]冷岩.多模态视角下高校外语听力教育模式研究[J].公关世界，2021（24）：101-102.

[18]魏彦莉.互联网时代大学外语教学模式探究[J].海外英语，2022（23）：144-145+151.

[19]徐学超.外语教学中的学习迁移影响因素研究[J].海外英语，2022（23）：102-104.

[20]范陆南.语料库应用下大学外语教学改革路径探析[J].海外英语，2022（23）：114-116.

[21]张忠忠，蒋红柳.新时代外语教学的新思路：第二语言社会化研究评述[J].甘肃开放大学学报，2022,32（06）：13-16.